EMPREENDER:
A ARTE DE SE
F*DER
TODOS OS DIAS E
NÃO DESISTIR

CARO LEITOR,

Queremos saber sua opinião sobre nossos livros.
Após a leitura, curta-nos no **facebook.com/editoragentebr**,
siga-nos no Twitter **@EditoraGente** e
no Instagram **@editoragente** e visite-nos
no site www.editoragente.com.br.
Cadastre-se e contribua com sugestões, críticas ou elogios.

Boa leitura!

ISRAEL SALMEN e LUCAS MARQUES
SÓCIOS DO MÉLIUZ, A 1ª STARTUP A FAZER IPO NO BRASIL

EMPREENDER: A ARTE DE SE F*DER TODOS OS DIAS E NÃO DESISTIR

Diretora
Rosely Boschini

Gerente Editorial
Carolina Rocha

Editora
Franciane Batagin Ribeiro

Assistente Editorial
Giulia Molina

Controle de Produção
Fábio Esteves

Preparação
Juliana Rodrigues | Algo Novo Editorial

Capa
Cristiano Landa e Vanessa Lima

Projeto Gráfico
Typo Studio

Diagramação
Vivian Oliveira

Revisão
Natália Domene Alcaide e Renato Ritto

Copyright © 2021 by Israel Salmen e Lucas Marques
Todos os direitos desta edição são reservados à Editora Gente.
Rua Original, 141/143 – Sumarezinho
São Paulo, SP – CEP 05435-050
Telefone: (11) 3670-2500
Site: www.editoragente.com.br
E-mail: gente@editoragente.com.br

⁎⁎⁎

Este livro foi impresso pela gráfica Rettec em papel pólen bold 90g e papel couché 115 g fosco em julho de 2021.

⁎⁎⁎

Dados Internacionais de Catalogação na Publicação (CIP)
Angélica Ilacqua CRB-8/7057

Salmen, Israel
 Empreender: a arte de se f*der todos os dias e não desistir : um manual de sobrevivência para o mundo real do empreendedorismo / Israel Salmen e Lucas Marques. – 1ª ed. – São Paulo: Editora Gente, 2021.
 232 p.

 ISBN 978-65-5544-106-2

 1. Negócios 2. Empreendedorismo 3. Sucesso nos negócios I. Título II. Marques, Lucas

21-1004   CDD 650.1

Índice para catálogo sistemático
1. Negócios

Nota da Publisher

Parece óbvio dizer isso, mas empreender não é missão fácil – ainda mais em um país com grandes barreiras de entrada, no qual as empresas dificilmente sobrevivem aos seus primeiros anos e nossa educação não é focada em resolução de problemas e perseverança, mas sim decorar fórmulas já prontas. Nesse contexto, *Empreender: a arte de se f*der todos os dias e não desistir* surge como uma brisa de ar fresco que nos mostra o mundo real dos negócios e nos ensina sobre como aprender com os inevitáveis erros dessa jornada.

Conheci o Israel Salmen, CEO e fundador do Méliuz, há três anos, e sempre admirei todo seu empenho para tornar sua startup uma empresa de sucesso. Nesse livro que está em suas mãos, caro leitor, Israel une seus anos de experiência empreendendo com toda a jornada empreendedora de Lucas Marques, o COO do Méliuz, e juntos nos mostram toda a garra que tiveram para tornar o Méliuz a empresa de peso que é hoje e a primeira startup a fazer IPO no Brasil. Os dois autores são um exemplo claro de como a determinação e a persistência nos levam longe e, aqui, você tem um verdadeiro manual sobre o empreendedorismo real do dia a dia e um manifesto sobre como não desistir faz toda a diferença na construção da sua empresa.

Vem com a gente nessa viagem pelos bastidores do Méliuz e vamos juntos aprender que, quando o assunto é empreendedorismo, o mais importante não é quantas vezes tropeçamos, mas sim quantas vezes nos levantamos para encarar essa aventura!

Rosely Boschini
CEO e publisher da Editora Gente

100% dos ganhos dos autores com a venda deste livro serão revertidos **para a Endeavor**

endeavor

Grande família Méliuz,
obrigado pelo esforço diário e por fazer com que
o sentimento seja sempre de #dayone.

Um agradecimento especial ao meu pai Modad,
minha mãe Lana, minha irmã Martina e à minha noiva Angélica,
pelo apoio incondicional e pela liberdade que sempre
me deram para correr atrás dos meus sonhos.

Israel Salmen

⋆★⋆

Eu jamais teria conseguido conquistar algo sem o apoio
e tudo o que aprendi com minha família:
minha mãe Lúcia, meu pai Alex e minha irmã Vanessa.
E seria impossível viver essa jornada sem a força e parceria
da minha esposa Isa. Amo vocês mais do que tudo!
Obrigado por tudo que fizeram e continuam fazendo por mim!

Agradeço também ao time do Méliuz
e aos meus sócios, que construíram comigo
essa história que vamos contar nas próximas páginas
e que se tornaram amigos para a vida toda.

Lucas Marques

SUMÁRIO

PREFÁCIO		11
INTRODUÇÃO		15
CAPÍTULO 1.	**PROJETO GUERRA**	19
CAPÍTULO 2.	**O GOSPEL E A ROÇA**	41
CAPÍTULO 3.	**CASAR COM A PESSOA ERRADA**	61
CAPÍTULO 4.	**SONHE GRANDE, MAS COMECE PEQUENO**	83
CAPÍTULO 5.	**ADMITA QUE VOCÊ É UM M*RDA!**	97
CAPÍTULO 6.	**VOCÊ ESTÁ CORRENDO CONTRA A MORTE**	113

CAPÍTULO 7. **CULTURA NÃO SÃO FRASES BONITAS PINTADAS NA PAREDE** **129**

CAPÍTULO 8. **DINHEIRO NÃO É TUDO** **147**

CAPÍTULO 9. **AS DORES DO CRESCIMENTO** **167**

CAPÍTULO 10. **PROBLEMAS DE GENTE GRANDE** **197**

CAPÍTULO 11. **ÚLTIMO CAPÍTULO DO LIVRO, MAS NÃO DA JORNADA** **217**

CADERNO DE FOTOS **224**

PREFÁCIO

Prefácio

Quando fui convidado pelo Israel a escrever o prefácio para o livro que ele escreveria junto com o Lucas, ele me contou que o título seria *Empreender: a arte de se f*der todos os dias e não desistir*. Fiquei animadíssimo!

Primeiro porque, além da grande honra que é poder escrever este prefácio, foi uma honra maior ainda ter acompanhado esta história ser construída de perto, e vê-la sendo recapitulada e compartilhada por meio deste livro me dá muito orgulho.

Em segundo lugar, mas não menos importante: sendo empreendedor também, tenho convicção de que os dois não poderiam ter escolhido um título melhor para o livro que, além de servir como um guia prático para qualquer empreendedor no Brasil, diz muito sobre como se desenrolou a história do Méliuz.

Talvez este título será a versão tupiniquim da famosa frase de Elon Musk[1], que dizia que empreender em uma startup é como "[...] mastigar vidro e olhar para o abismo da morte. Depois de um tempo, você para de olhar, mas você nunca deixa de mastigar".

O dicionário informal define "se f*der" da seguinte forma: "o ato de ser descoberto ou flagrado após cometer um erro ou os mesmos erros seguidos".[2] Quem é empreendedor também, ou trabalha em uma startup, sabe exatamente do que os dois estão falando. E felizmente, para nós, leitores, Israel e Lucas nos fizeram o grande favor de compartilhar seus aprendizados, para que possamos aprender com as lições que tiveram e evitássemos os mesmos erros.

---

[1] MUSK, Elon. Eating glass and stating up. **Draper TV**. Disponível em: https://youtu.be/yZlHbjxtECg. Acesso em: 05 abr. 2021.

[2] SE f*der. Dicionário informal. Disponível em: https://www.dicionarioinformal.com.br/se+fuder/. Acesso em: 05 abr. 2021.

EMPREENDER: A ARTE DE SE F*DER TODOS OS DIAS E NÃO DESISTIR

A minha história se conecta com a do Méliuz a partir de 2015. Meu sócio Mate e eu tínhamos acabado de concluir a transação que vendia uma participação significativa da nossa primeira empresa, a Printi, para um grupo americano que almejava entrar no mercado brasileiro. Alguns meses antes, eu havia sido oficializado como Empreendedor Endeavor, uma organização de apoio a empreendedores de alto impacto. Ofli veio me visitar na nossa fábrica porque estava sendo considerado no processo da Endeavor também, e caberia a mim avaliar o *fit* do Méliuz com a organização.

Mesmo já tendo passado mais de seis anos desde então, lembro-me deste encontro como se tivesse sido ontem. O que mais me marcou na época foi a conversa que tivemos sobre cultura. Ofli me contou tudo sobre a primeira empresa que havia fundado com Israel, a Solo Investimentos, e sobre os muitos erros que haviam cometido no âmbito cultural da companhia. Nas palavras dele, eles tinham criado uma empresa com a qual eles não gostavam de trabalhar e na qual não eram felizes. Ao não terem intencionalmente focado isso, criou-se uma cultura que não necessariamente extraia o melhor do time e o melhor da própria empresa. Segundo Ofli, eles tinham feito um voto para que isso nunca mais se repetisse. Além do discurso e do compromisso, o que mais me impressionou foi como eles já estavam colocando tudo em prática no Méliuz – como empreendedor, sei que essa atitude é muito mais fácil de falar do que de fazer.

Senti que tinha aprendido mais com ele do que ele comigo, mesmo estando na posição de "mentor" naquela situação. Gostei tanto do que estava escutando, e das motivações e energia que ele carregava, que perguntei se ele me deixaria investir na empresa, naquele mesmo momento. Felizmente, o Méliuz estava em um momento de captação e fez sentido para eles nos aceitarem como parte do grupo de investidores. Na época, fiz o meu maior investimento-anjo até então e a nossa parceria se iniciou.

Ao longo dos anos, foram muitos momentos marcantes que vivemos juntos. Começando pelas várias rodadas de investimento – algumas delas bastante cabeludas – em que Mate e eu colaborávamos por trás dos panos, ajudando a refinar a estratégia de *fundraising*, fazer a lista ideal de fundos e revisar os materiais a serem usados. Me recordo bem do Projeto Guerra, sobre o qual vocês vão saber mais em breve: lembro-me de sentir na pele a preocupação que expus para eles naquele momento delicado. Também no contexto do Projeto Guerra, lembro-me de quando os Smurfs entraram no bairro em que eu morava em São Paulo como parte de sua expansão – encontrei as fotos que enviei para o Ofli revendo o nosso

PREFÁCIO

histórico no WhatsApp para fazer este prefácio e passou-se um filme em minha cabeça. Tenho lembranças marcantes também de cada uma das Black Fridays que seguiram: todo ano um novo recorde de vendas batidas! Por fim (ou melhor: ainda só começando), não dá para não mencionar o dia do IPO, que foi um momento histórico não só para o Méliuz, mas também para todo o ecossistema de tecnologia do Brasil. Eu não estive presente fisicamente, mas acompanhei on-line este inesquecível Day One da empresa.

Isso tudo só foi possível porque Israel, Lucas e Ofli (que, por mais que não tenha escrito o livro oficialmente, está presente em cada linha) são empreendedores de verdade, de corpo e alma. Inquietos, resilientes, focados no longo prazo, eles têm uma habilidade fora do comum de lidar com a incerteza, além de uma habilidade quase sobrenatural de aprender rapidamente e de se adaptar de acordo com qualquer necessidade. Eles têm, também, a capacidade de se divertir ao longo do caminho: bem-humorados, otimistas e positivos são adjetivos que os descrevem bem. Além disso, são muito consistentes em tudo que falam e fazem – tão consistentes que, anos depois daquela nossa primeira conversa sobre cultura, vi todo o mercado reconhecer o diferencial cultural que o Méliuz construiu e mencionado inclusive por vários analistas de bancos de investimento que estavam cobrindo o IPO. O Méliuz provou definitivamente que "cultura não são frases bonitas pintadas na parede".

Todo empreendedor sabe que não existe uma receita de bolo perfeita para empreender, ou um caminho seguro para o sucesso. Cada empresa é de um jeito e eles encontraram a sua combinação perfeita de pessoas, mercado, modelo de negócios, momento – e garra! – que funcionou. O jeito Méliuz de fazer as coisas. E esse jeito de fazer acontecer, mesmo já tendo alcançado grandes marcos, ainda vai levá-los muito longe.

Engajados com a comunidade, Israel e Lucas estão sempre ativos no mercado de startups, seja em BH ou pelo Brasil. Os dois são investidores do fundo que ajudei a colocar em pé e que apoia empreendedores em todo o país, o Canary. Sempre que eles falam bem de alguma empresa ou algum empreendedor, prestamos atenção, pois sabemos que bons empreendedores sabem identificar uns aos outros. O time do Méliuz é muito generoso com o seu tempo e sei de vários empreendedores que já foram mentorados por eles. Assim como no assunto de cultura, os dois são um exemplo de *giveback*. Consistentes. E este livro é um testamento do compromisso dos dois em devolver para a comunidade mais do que eles extraíram dela.

EMPREENDER: A ARTE DE SE F*DER TODOS OS DIAS E NÃO DESISTIR

A minha história e a história do Méliuz são entrelaçadas, assim como a história do Méliuz é conectada à história do empreendedorismo de tecnologia brasileiro. Não consigo descrever o prazer que é ler sobre como Israel e Lucas desdobraram uma meta de 25 mil contas novas por mês para o time há poucos anos e, em seguida, conectar isso com o primeiro resultado que divulgaram como companhia aberta no primeiro *quarter* de 2021, de 25 mil contas abertas por dia. Eles mastigaram muito vidro. Da sala do apartamento em que começaram até o IPO. Muita resiliência, muita luta, muito sangue, suor e lágrimas. Muito f*da.

Eles mesmos colocam no fim do livro que "empreender é uma jornada que não tem fim". Eu não poderia concordar mais. E confesso que, depois de ler o livro e aprender mais (além de recordar!) sobre tudo pelo que eles passaram na sua trajetória até aqui, não vejo a hora de descobrir o que mais vão fazer daqui pra frente. Convido a todos os leitores a me acompanharem pela jornada mágica que é o empreendedorismo, e mergulharem na história de dois dos mais bem-sucedidos empreendedores da nossa geração e da empresa mais do que especial que eles criaram do zero, o Méliuz.

Florian Hagenbuch

Introdução

O coração do Israel batia tão forte que parecia querer rasgar o peito. A respiração estava ofegante e faltava ar, como se ali não houvesse oxigênio. A entrada no hospital, sozinho, em plena madrugada, não foi fácil de acontecer devido ao idioma estrangeiro. Em 2018, ele estava no Leste Europeu, em um país de pouco domínio do inglês. Os sentimentos eram de ansiedade, preocupação e solidão por estar tão longe de casa.

Sem contar que a diferença do fuso horário impedia que qualquer pessoa no Brasil o ajudasse. Foram quatro horas de espera até ser atendido. Primeiro, passou pela triagem, em que pediram que tirasse a camiseta. Como em um trabalho detalhadamente manuseado, colaram eletrodo por eletrodo para realizar o eletrocardiograma – este que seria o primeiro de sua vida.

O diagnóstico, que só foi conclusivo depois de retornar ao Brasil quase três semanas depois, o surpreendeu: um ataque de pânico. Ele havia tido um ataque durante suas primeiras férias desde que fundou o Méliuz, em 2011. Ele, que sempre teve um prazer tão grande em trabalhar, sentiu na pele as consequências de um acúmulo de trabalho e ansiedade.

Resolveu o problema da mesma maneira que um empreendedor com uma crise na empresa: identificou qual havia sido o gatilho, a base da complicação, e, assim, procurou soluções.

Empreender tem o seu preço – e ele não é baixo. Passa pela saúde mental, por noites mal dormidas, refeições nada balanceadas e muitas, muitas frustrações. Mas tudo isso será abordado mais adiante e você, leitor, entenderá como lidamos com a realidade de empreender.

EMPREENDER: A ARTE DE SE F*DER TODOS OS DIAS E NÃO DESISTIR

Por que estamos aqui?

Nós, Israel e Lucas, CEO e COO do Méliuz, respectivamente, iniciamos este livro contando o episódio do Israel no hospital pois ele representa, de certa maneira, o que você vai ler nas páginas seguintes. Já existem muitos livros louvando o sucesso de empreendedores e empresas, porém este será sobre erros e fracassos. Vamos deixar de lado o ego para abrir o jogo e contar todos os detalhes dos nossos erros, frustrações e fracassos ao longo de nossa jornada empreendedora.

Assim, espere poucas conquistas nas páginas que virão. Vamos citar menos do que gostaríamos os nomes de quem nos ajudou nessa jornada, mas saiba: sem o time do Méliuz, não estaríamos aqui para contar os problemas. Nós erramos e ele nos ajudou a encontrar as soluções. Entretanto, como o foco principal do livro é o que fizemos de errado – e como isso pode ajudar você a não cometer os mesmos erros –, poucos nomes serão lembrados e muitas pessoas maravilhosas que nos auxiliaram não serão citadas. E, é claro, para preservar a identidade de quem estava por trás de algumas das decisões malsucedidas, usaremos nomes fictícios ou omitiremos as informações.

Quando o empreendedor acha que a situação está tranquila, chega uma notícia que modifica tudo. E, de repente, o que ele menos espera dá errado. Em outras palavras, empreender é uma montanha-russa, e com espinhos no assento, sem nenhum tipo de trava ou proteção. É achar, em um primeiro momento, que o seu negócio é uma ideia bilionária para, no minuto seguinte, acreditar que qualquer um faria melhor do que você – ou, então, que alguém já está fazendo isso e só você não sabia.

Por isso, reafirmamos: não espere histórias de sucesso inspiradoras ou o passo a passo de como criar uma empresa bilionária. Caso seja isso o que procura nas próximas páginas, pode desencanar. Nosso objetivo é mandar a real para quem sonha em construir um negócio. E, para isso, passaremos por diversos pontos da jornada do empreendedor: problemas com sócios, dificuldades com investidores, desafios com a cultura da empresa etc.

Erramos em diversos pontos da nossa história, mas aprendemos bastante com cada um desses erros. Esperamos que esses aprendizados façam o mesmo por você.

Boa leitura!

INTRODUÇÃO

Sobre o Méliuz

O Méliuz é uma empresa de tecnologia que iniciou sua história desenvolvendo um marketplace que dá aos usuários cashback, cupons de descontos e ofertas quando eles adquirem algo em mais de oitocentas lojas on-line parceiras. Em 2019, também passou a oferecer serviços financeiros em parcerias com bancos e *fintechs*. Em 2020, o Méliuz atingiu a marca de 14 milhões de usuários.[3]

Nesse mesmo ano, se tornou a primeira startup fazer IPO na Bolsa de Valores brasileira e, em 2021, iniciou seu projeto de internacionalização ao adquirir a Picodi.com, que está presente em 44 países.

---

3 CAMPOS, A. Ação da Méliuz bate recorde e alta supera 100% desde a estreia na bolsa. **Valor Investe**, 11 jan. 2021. Disponível em: https://valorinveste.globo.com/mercados/renda-variavel/noticia/2021/01/11/acao-da-meliuz-bate-recorde-e-alta-supera-100percent-desde-estreia-na-bolsa.ghtml. Acesso em: 22 fev. 2021.

// CAPÍTULO

PROJETO GUERRA

PÓLVORA E FAÍSCA	22
A PRIMEIRA BATALHA	24
DIRETO DO CÉU	26
A PREPARAÇÃO	29
A HORA DA VERDADE	31
A ÚLTIMA CEIA?	33
CORRENDO CONTRA A MORTE	35
"CADÊ O MEU DINHEIRO?"	37

TODOS VOCÊS SABEM QUE A STARTUP DO ANO É A STARTUP DE VOCÊS. QUEM É EMPREENDEDOR SABE O QUANTO A GENTE RALA, O TANTO QUE É DIFÍCIL, QUANTAS NOITES VIRAMOS TRABALHANDO, COMO PASSAMOS POR APUROS E, MESMO ASSIM, PERSISTIMOS [...]."

O trecho acima é parte do discurso feito pelo Lucas quando o Méliuz ganhou o prêmio Startup Awards na Conferência Anual de Startups e Empreendedorismo (CASE), em 2016.[4] Foi um momento de realização para todos nós, principalmente porque aquele tinha sido um ano excelente. Cheio de desafios, mas excelente. Subir as escadas do palco e receber o prêmio foi um ato simbólico para concluir os últimos doze meses que haviam se passado.

Ademais, foi nesse ano que Ofli e Israel se tornaram empreendedores Endeavor, após um processo seletivo muito rigoroso que começou em 2015 e envolveu duas etapas no Brasil e uma no exterior, sendo que em todas elas a aprovação deveria ser por unanimidade.

Foi em 2016 também que conseguimos fechar nossa rodada de investimento com a Monashees, um dos maiores fundos de *venture capital* do Brasil,[5] a Lumia Capital, do Vale do Silício, e a FJ Labs, do grande empreendedor Fabrice Grinda, fundador da OLX e hoje um dos investidores-anjo mais ativos do mundo.

Tínhamos certeza de que estávamos como um foguete prestes a decolar. Fora a aprovação da Endeavor, o prêmio de Startup do Ano e o investimento dos fundos, os números também ajudavam a deixar essa sensação ainda mais forte: geramos 540 milhões de reais em vendas para nossos parceiros, quase o dobro do ano anterior. Nada podia segurar o Méliuz.

---

4 MÉLIUZ ganha prêmio Startup Awards na CASE em 2016. **Pequenas Empresas Grandes & Negócios**, 9 nov. 2016. Disponível em: https://revistapegn.globo.com/Startups/noticia/2016/11/meliuz-ganha-premio-startup-awards-no-case-2016.html. Acesso em: 28 set. 2020.

5 DOIS IPOs e um destino: a gestura de venture capital por trás de Méliuz e Enjoei. Neofeed. Disponível em: https://neofeed.com.br/startups/dois-ipos-e-um-destino-a-gestora-de-venture-capital-por-tras-de-meliuz-e-enjoei/. Acesso em: 22 mar. 2021.

Pólvora e faísca

Na manhã do dia 16 de janeiro de 2017, nos deparamos com uma matéria no *Diário do Comércio*, de Minas Gerais, que anunciava outra startup de cashback iniciando as operações em Belo Horizonte em menos de dois meses, no dia 15 de março. Belo Horizonte é a cidade em que o Méliuz nasceu e na qual ficava alocada a maior parte do nosso time. Para nossa história, vamos chamar essa startup concorrente de Smurfs, o apelido que demos a eles na época.

Essa notícia deixou Israel, CEO do Méliuz, muito apreensivo. Apesar da nossa empresa ser sólida, ficamos temerosos pelo modelo de negócios dos Smurfs: eles funcionavam no mundo físico, em restaurantes, lojas e postos de gasolina, por meio de maquininhas de cartão de crédito e débito. Ou seja, nesse modelo, você compraria normalmente, porém pagando na maquininha deles e recebendo cashback na hora. Assim, quem estivesse ao seu lado ficaria sabendo, pois testemunharia a experiência ao vivo – e, consequentemente, contaria para mais pessoas, o que levaria o negócio a um patamar viral. Nesse momento, o nosso modelo era diferente: o uso era individual, em casa, durante as compras on-line, que costumam ocorrer com menor frequência do que as compras em lojas físicas.

Imagina a sensação? Ter a sua empresa desde 2011 em Belo Horizonte e sentir que outra empresa, mais nova, de outro lugar, chegaria na sua cidade e viraria notícia por todos os cantos? E o pior de tudo: não só já conhecíamos a startup como havíamos dado mentoria para aquele negócio.

Meses antes, havíamos recebido os Smurfs em nosso escritório em Belo Horizonte e, na época, eles só operavam no interior de São Paulo. Sempre tivemos boas relações com nossos concorrentes porque acreditamos que eles podem acabar se tornando parceiros algum dia. Naquela ocasião, trocamos boas ideias sobre o mercado de startups, o cenário de empreendedorismo e o segmento de cashback.

PROJETO GUERRA

Café, pão de queijo e um papo legal. A ideia foi criar uma relação de confiança para que, quem sabe, pudéssemos fazer algo juntos no futuro.

Depois desse dia, sequer imaginávamos que eles chegariam na nossa cidade com os dois pés na porta. O sentimento era de traição e aquilo mexeu com o nosso emocional. Naquele momento, pensávamos: *por que não falaram com a gente antes? Por que escolheram justamente Belo Horizonte como uma das primeiras cidades para iniciarem a expansão?* Para nós, tudo aquilo era um absurdo.

Ficamos batendo cabeça tentando decidir o que fazer. Se apenas agíssemos como se nada estivesse acontecendo, poderíamos perder uma oportunidade gigante e acabar sem uma fatia do mercado.

Foi aí que o Israel decidiu entrar em contato com os Smurfs. Fizemos uma conversa por videochamada e dissemos com toda a honestidade do mundo: "Cara, já que vocês estão vindo, por que não fazemos isso juntos? Que tal pensarmos em um investimento? Podemos juntar nossas empresas e lutarmos essa batalha lado a lado". Nossos negócios eram complementares, o Méliuz já era o maior site de cashback no e-commerce, e eles estavam fazendo um bom trabalho no mundo físico. Nas entrelinhas, deixamos claro que tínhamos dinheiro em caixa e faria muito mais sentido criar uma parceria do que disputarmos mercado na mesma cidade e com o mesmo segmento.

O que o CEO dos Smurfs respondeu foi a punhalada final, a faísca necessária para o início do incêndio: "Olha, não achamos que faz sentido fazer alguma coisa juntos agora. Agradecemos a proposta, mas não queremos nenhum tipo de parceria por ora". Naquele momento, foi como se o computador dentro da cabeça do Israel tivesse bugado. Ficamos bravos, indignados, malucos, ensandecidos. Ali decidimos que iríamos para a guerra!

EMPREENDER: A ARTE DE SE F*DER TODOS OS DIAS E NÃO DESISTIR

A primeira batalha

Enfurecidos pelo que estava acontecendo, compramos e vendemos a briga para todo o time do Méliuz e, assim, nasceu o Projeto Guerra. Nossa equipe foi totalmente convencida a se voltar contra os Smurfs, porque não se começa uma guerra sozinho, é preciso ter soldados – e soldados que acreditem em você. Uma semana depois que o Israel leu a notícia, a guerra já estava declarada, as equipes já haviam sido remanejadas e era possível ver, no olhar de cada um dos nossos funcionários, que haviam sido convocados para aquela batalha, que agora era *para valer*.

Você se lembra de que o serviço deles chegaria em menos de dois meses em Belo Horizonte? Então precisaríamos chegar no mundo físico praticamente nessa data sem nunca ter feito algo do tipo. Era como se tivéssemos de criar, em somente dois meses, uma nova empresa, com novos processos, parceiros e tecnologias.

Pensávamos também que, para lutarmos contra eles, precisaríamos conhecer todas as suas armas. E com essa ideia na cabeça, traçamos um plano: Lucas iria para Ribeirão Preto, cidade natal dos Smurfs, observar como eles operavam.

Não seria uma viagem qualquer a Ribeirão Preto, seria uma empreitada de investigação à la James Bond: hospedagem em hotel, entrevista com lojistas parceiros dos Smurfs, perguntas a pessoas na rua e o que mais você puder imaginar. A missão do Lucas era realizar uma análise minuciosa sobre como o serviço funcionava e como estava a satisfação de parceiros e usuários.

O que ele descobriu, então, foi que não se falava em outra coisa por lá: lojistas parceiros dos Smurfs diziam que a solução havia aumentado suas vendas e os usuários pareciam apaixonados pelo negócio.

PROJETO GUERRA

Com a viagem nós: 1) ficamos ainda mais desesperados, percebendo que aquilo realmente funcionava; 2) entendemos que, se conseguíssemos replicar o que eles faziam, poderíamos crescer ainda mais rápido.

Emendamos, então, o retorno do Lucas com uma reunião com todo o time do Méliuz, na qual ele contou sobre a operação positiva dos Smurfs e o que ele havia descoberto até ali. Essa conversa funcionou como uma preparação para a batalha: avaliamos nosso adversário e visualizamos quais eram as estratégias utilizadas para que, assim, pudéssemos pensar em como agir em nosso próprio ambiente. Temos um valor na cultura Méliuz que diz "nada é impossível" e, por isso, podíamos sentir o time entrando mais e mais na batalha a cada nova palavra, a cada novo instante. Era como se estivéssemos diante de uma fogueira na qual cada um da equipe era responsável por adicionar um pedaço de lenha para que o fogo aumentasse e consumisse ainda mais oxigênio. Estávamos todos focados em fazer aquilo acontecer, em dar a volta por cima e vencer mais esse obstáculo.

Tínhamos muitos desafios para resolver naqueles dois meses, mas o maior deles era conseguir um fornecedor de maquininha de cartão com a solução tecnológica que nos permitisse dar cashback. Conversamos com uma empresa que já trabalhava com os Smurfs e esse fornecedor nos prometeu entregar uma solução idêntica. Enquanto avançávamos com ela, nosso time de vendas fechava contratos com lojas físicas, nosso time de marketing criava as campanhas de divulgação e nosso time de tecnologia virava noites para lançar um aplicativo.

Faltando apenas **um mês** para o lançamento dos Smurfs em Belo Horizonte, percebemos que a empresa que havíamos contratado para fornecer a tecnologia para as máquinas de cartão não tinha os recursos necessários: eles nos venderam uma solução, mas não tinham sequer uma licença de subadquirentes, ou seja, não poderiam receber o dinheiro dos clientes e repassar para as lojas.

O prazo, que desde o início já era curto, estava acabando, e a gente simplesmente teve de jogar todo o trabalho fora. Voltando à estaca zero, começamos uma busca desenfreada por um novo fornecedor. A batalha estava prestes a começar e não tínhamos nem armas.

EMPREENDER: A ARTE DE SE F*DER TODOS OS DIAS E NÃO DESISTIR

Direto do céu

Foi aí que o Israel, em uma quinta-feira, às 23h32, encontrou uma empresa – coincidentemente também de Ribeirão Preto – que parecia ter a solução que precisávamos. Para preservar os nomes em nossa história, chamaremos essa empresa de Raios e seu dono de João. Israel mandou uma mensagem simples e direta para o João pelo LinkedIn:

Na manhã seguinte, João ligou para Israel. Contamos o que precisávamos e, a partir desse ponto, era impossível frear a nossa empolgação. O motivo era simples: ele não só tinha exatamente a solução de que precisávamos, como também uma rixa pessoal com os Smurfs. Estávamos de volta ao jogo!

PROJETO GUERRA

João estava tão empolgado em vencer a guerra quanto a gente. Alguns dias depois da ligação, ele pegou o seu **helicóptero** pela manhã e veio para Belo Horizonte. A gente ficou em choque com tamanha euforia e, enquanto aguardávamos ansiosamente sua chegada, o celular do Israel tocou. Era o diretor de operações da Raios, que viajava com João naquele dia: "Israel, tivemos que fazer um pouso forçado em Divinópolis. O João passou mal e não consegue falar neste momento".

Pronto, o cara morreu, a gente pensou. Mas, ainda bem, não foi bem isso o que aconteceu. A proposta era que adiássemos a reunião para outro momento e, é claro, essa seria a atitude mais racional. A racionalidade, entretanto, não era o prato do dia naquela tarde, e nos prontificamos a pegar um carro e dirigir até Divinópolis, a duas horas de BH, para encontrar o João. Como a ligação estava no viva-voz para as duas partes, conseguimos ouvir a reação dele: "Podem vir que nós vamos acabar com esses Smurfs!".

Ao chegar em Divinópolis, fomos direto ao hotel em que João estava se recuperando e o encontramos já mais calmo e melhor de saúde. Deitado em uma cama e com um notebook no colo, ele parecia mais empolgado do que por telefone. E foi ali, dentro daquele quarto, tendo como mesa de reunião uma cama, que fechamos os detalhes comerciais e técnicos da nossa operação. Além das maquininhas de crédito e débito, e de toda a tecnologia, a Raios disponibilizou um time comercial de trezentas pessoas para nos ajudar a vender a maquininha Méliuz em várias cidades do Brasil!

Saímos da reunião com uma promessa feita por ele: disse que enviaria para BH cem pessoas do seu time comercial para nos ajudar a fechar parcerias na cidade inteira. Antes disso, a nossa equipe comercial tinha apenas cinco pessoas para fazer esse trabalho, enquanto os Smurfs tinham seis.

Para nós, a matemática era simples: não tinha como dar errado. O nosso exército de Esparta havia acabado de ficar muito maior. A viagem de volta, no mesmo dia, foi triunfal. De dentro do carro, fizemos um vídeo para nossa equipe imensamente empolgados após a negociação. Foi mais do que um anúncio: foi um brado, uma convocação, um chamado para que todo o time Méliuz soubesse que agora éramos imbatíveis, incluindo até uma analogia com a trilogia *O senhor dos anéis*, quando Gandalf chega com o exército de cavaleiros de Rohan no Abismo de Helm para vencer a batalha. Aquele dia foi demais, sentimos um gostinho da vitória na boca, mesmo sem nem ter começado a guerra.

PARA NÓS, A MATEMÁTICA ERA SIMPLES: NÃO TINHA COMO DAR ERRADO. O NOSSO EXÉRCITO DE ESPARTA HAVIA ACABADO DE FICAR MUITO MAIOR.

PROJETO GUERRA

A preparação

Com João e sua empresa do nosso lado, a disputa antes do lançamento continuava por todos os cantos. Lucas fechou contratos de publicidade com as principais rádios e TVs de Belo Horizonte. Queríamos exclusividade na divulgação e pagamos por isso.

Em determinado momento, decidimos que não bastava ganhar a guerra em BH. Queríamos dominar o Brasil inteiro. Para fazer isso com eficácia e agilidade, sabíamos que precisávamos de alguém que já tivesse experiência. Foi aí que pensamos no Júlio Vasconcellos, fundador do Peixe Urbano e um dos nossos investidores-anjo. Em uma conversa, perguntamos a ele quem seria a pessoa ideal pra montar a equipe comercial dos sonhos e comandar nossa expansão nacional, e ele nos indicou o Pedro – mais um nome fictício para que possamos falar do colaborador.

Pedro era o cara! Foi um dos principais responsáveis pela expansão do Peixe Urbano no Brasil e sabia como montar uma equipe de ponta. Na época, ele estava empreendendo e foi muito difícil convencê-lo a vir para BH nos ajudar nesse projeto. No fim, acabamos oferecendo para ele um salário três vezes maior do que o do Israel, o CEO do Méliuz.

Pedro começou a montar sua equipe trazendo os melhores gerentes do Peixe Urbano e do Groupon. Eles seriam os responsáveis por iniciar nossa expansão no mundo físico em outras sete capitais: São Paulo, Rio de Janeiro, Brasília, Recife, Fortaleza, Curitiba e Porto Alegre. Eram contratações caras, mas esse era o preço a ser pago quando decidimos montar uma equipe experiente em um curto espaço de tempo. Esses times seriam responsáveis por vender nossas maquininhas de crédito e débito com cashback para estabelecimentos físicos, como restaurantes, bares, salões de beleza etc.

O próximo passo era fazer uma apresentação incrível para todas aquelas pessoas: os cem vendedores da Raios, enviados pelo João, os vários gerentes recém-contratados e a equipe do Méliuz. Na época, fechamos um teatro para alocar todo mundo e o Lucas literalmente se vestiu de Rei Leônidas, referenciando o filme *300*, para fazer a apresentação. Aquele, afinal, era o momento que precede o início da batalha: aqueles eram nossos combatentes, pessoas capacitadas, inflamadas pelo desejo de vitória e que precisavam ser ainda mais motivadas a se superarem. Era possível sentir a energia daquele teatro vibrando entre cada um dos presentes.

Foi assim que, em 14 de março de 2017, um dia antes da chegada dos Smurfs em BH, lançamos o Méliuz em mais de quinhentas lojas físicas na cidade.

PROJETO GUERRA

A hora da verdade

Os gritos de celebração do Israel ecoavam na rua inteira. Sozinho em casa, ele tirava toda a angústia do peito após o lançamento da nossa operação no mundo físico. A gente tinha conseguido: em dois meses insanos de trabalho com todo o time, contratamos e treinamos centenas de pessoas, construímos um novo aplicativo, desenvolvemos tecnologia para operar no mundo físico, encontramos um fornecedor perfeito, fechamos centenas de contratos com lojas, passamos muitas noites mal dormidas e praticamente havíamos lançado uma nova startup. A deliciosa sensação de realização ao colocar tudo aquilo para funcionar era imensamente compensadora.

A nossa ideia era fazer com que os Smurfs vissem o quanto estávamos por todos os lugares quando chegassem à cidade. Qual recado de boas-vindas seria melhor para o CEO dos Smurfs, que negou qualquer tipo de parceria, senão o logo da Méliuz espalhado por todo o Aeroporto de Belo Horizonte? Envelopamos o lugar só para provocá-lo. E, uma vez que ele abandonasse o aeroporto e rumasse para Belo Horizonte, poderia ouvir sobre nós em propagandas no rádio. Se o motorista trocasse de estação, bastaria olhar pela janela para nos encontrar em outdoors. E, ao chegar no hotel e ligar a TV para descansar, teria uma surpresa, pois também estávamos lá.

A população de Belo Horizonte foi quem mais se aproveitou da guerra entre o Méliuz e os Smurfs, porque uma das maneiras que tínhamos encontrado para conquistar usuários e chamar atenção era proporcionando promoções agressivas que ofereciam até 120% de cashback! Alguém gastava 10 reais para comprar um sorvete e ganhava 12 reais – obviamente, com a gente subsidiando essa promoção. Em nossa conta, chegamos a gastar 300 mil reais em um só dia com promoções de 50% de cashback em postos de gasolina. Isso deu tão certo que emissoras de rádio começaram a noticiar que a cidade estava com engarrafamento em várias regiões por conta da ação. A gente literalmente parou Belo Horizonte e, com isso, veio uma sensação única: a de que estávamos ganhando e que, muito em breve, nosso faturamento iria para as alturas.

Nossa satisfação, contudo, não se deu por completo apenas ao ganhar essa primeira batalha em BH. Nossa meta era avançar para outras capitais, mesmo antes da chegada dos Smurfs na cidade. Em São Paulo, Lucas e Pedro contrataram mais de trinta vendedores em um único dia! Como não tínhamos escritório na cidade naquela época, reservamos um hotel e fizemos as entrevistas lá. Ao fim das conversas, caso tivéssemos uma aprovação, o contratado já recebia uma proposta de salário e saía de lá com todos os trâmites ajustados para iniciar. Além disso, no Rio de Janeiro contratamos quinze vendedores. Lembrando que, em cada uma dessas cidades, a Raios tinha mais de trinta vendedores que nos ajudariam com as vendas das maquininhas para estabelecimentos comerciais.

Naquele momento, depois de todo o trabalho e dedicação, nos restava esperar, e assim fizemos: uma semana, duas semanas, três semanas. Um mês se passou enquanto aguardávamos os resultados. Aos poucos, fomos percebendo que as coisas não estavam tão bem quanto pareciam. Sim, tínhamos muitos parceiros e as compras aconteciam, mas, com 45 dias de operação, percebemos, em números, que a estimativa de faturamento feita com base na viagem do Lucas para Ribeirão Preto não estava se concretizando.

A cada dia que os números não melhoravam, o êxtase começava a se transformar em frustração e, depois, preocupação. O investimento foi feito, mas o faturamento era muito menor do que o planejado. Toda a operação era mais complicada do que previamos: as maquininhas não funcionavam tão bem e ter todo o controle dos parceiros era difícil. Já tínhamos uma expertise grande para lidar com usuários e com lojas on-line, porém tivemos de aprender a lidar com as expectativas dos pequenos comerciantes que começaram a usar nossas maquininhas esperando um aumento de vendas.

Em uma reunião, mergulhamos a fundo nos números e nos prognósticos e, entre pilhas de papel e horas abastecidas por café, a ficha caiu ainda mais rápido: naquele ritmo, *todo o dinheiro* que tínhamos acabaria em alguns meses. Foi então que o medo tomou o lugar da empolgação e vimos que, com tantas contratações, o custo da nossa operação era enorme, o que inviabilizaria e queimaria o caixa mais rápido do que previamos sem os resultados esperados.

PROJETO GUERRA

A última ceia?

Não podíamos deixar o dinheiro da empresa acabar. Aceitar isso era aceitar o nosso fim e, para tentar salvar o Méliuz, fomos (Israel, Ofli e Lucas) para São Paulo jantar com dois mentores e investidores-anjo mais experientes em captação de investimento, Florian Hagenbuch e Mate Pencz, sócios-fundadores da Printi, Canary e Loft. Por conta do conhecimento deles em captação de investimentos, imaginávamos que poderiam nos ajudar com uma estratégia de captação na velocidade e valor necessários para salvarmos o Méliuz.

No jantar, contamos para eles sobre o que estava acontecendo, o tamanho da crise e a necessidade de captação. Precisaríamos fechar uma rodada de investimento em três meses ou nosso caixa iria zerar. Mesmo diante do desespero, eles foram diretos e objetivos: "Não vai dar". Eles compartilharam conosco que jamais haviam visto uma empresa captar uma rodada tão grande de investimentos em tão pouco tempo. O valor que precisávamos era muito alto, e o tempo, muito curto. A gente sabia que seria uma missão difícil, mas ouvir isso da boca deles foi uma das sensações mais aterrorizantes que já tivemos.

Até poderíamos estar com o corpo presente, mas a nossa cabeça estava pensando: *O que fizemos? Como, tão rápido, acabamos com a empresa?* O mesmo negócio que levou mais de cinco anos para ser construído poderia chegar ao fim em apenas alguns meses. Era cruel demais imaginar que pudéssemos morrer na praia e parecia inacreditável que, poucos meses depois de ganharmos o prêmio de startup do ano, estávamos à beira da falência. A todo momento, nossa pergunta era: "O que vamos fazer agora?".

Ainda em choque, chamamos um carro para nos levar ao hotel e, durante todo o caminho, não falamos nenhuma palavra.

ERA CRUEL DEMAIS IMAGINAR QUE PUDÉSSEMOS MORRER NA PRAIA E PARECIA INACREDITÁVEL QUE, POUCOS MESES DEPOIS DE GANHARMOS O PRÊMIO DE STARTUP DO ANO, ESTÁVAMOS À BEIRA DA FALÊNCIA.

PROJETO GUERRA

Correndo contra a morte

Apesar do balde de água fria dos mentores, começamos a corrida pelo investimento, afinal, essa era a nossa única opção e, mesmo sendo um valor alto, tínhamos esperanças de que daria certo. Precisávamos também lidar com várias outras questões que haviam aparecido nesse meio-tempo.

A primeira delas era com a equipe de operações da Raios. E a questão? Ela não era muito boa. Tivemos de enviar nosso time para Ribeirão Preto para treinar o time da Raios porque eles não estavam conseguindo cumprir tarefas básicas, como entregar as maquininhas para os parceiros que fechavam contrato. Quando as máquinas tinham algum problema, a equipe deles demorava para resolver ou trocar, e os lojistas começaram a ficar cada vez mais impacientes, chegando até a rescindir a parceria.

O segundo problema que precisamos enfrentar foi com o nosso próprio time. Nos primeiros 45 dias, todos estávamos alinhados e em guerra contra os Smurfs; entretanto, depois de algum tempo, por causa da pressão, do alto volume de trabalho e das situações difíceis que estávamos vivendo, a nossa equipe também estava irritada.

Lembra-se de que uma das nossas loucuras nesse período foi deslocar toda a equipe para esse Projeto Guerra? Em um primeiro momento, todos ficaram empolgados, porém, conforme as semanas passavam, as mudanças de rotina e atribuições começaram a causar estragos. O resultado com nosso negócio principal até então, de parcerias com lojas on-line, começou a piorar à medida que deixou de ser o foco do time.

E ainda tínhamos a questão principal: o dinheiro acabando. Ainda não sabíamos se seria possível fazer a captação de investimento e, por isso, começamos a fazer os ajustes necessários. Encerramos as operações em cidades em que já estávamos programados para chegar, como Curitiba, Recife e Fortaleza, e desligamos times que havíamos acabado de contratar.

Enquanto o Lucas tentava resolver todos os problemas da operação, Ofli e Israel falavam com dezenas de fundos de investimento para tentar captar os recursos que precisávamos para manter a operação rodando. Recebemos muitas respostas negativas, pois mesmo os que gostavam da tese não conseguiam avançar na velocidade que precisávamos ou não estavam dispostos a investir o volume de recursos que estávamos pedindo.

Parecia o fim, mas havia uma luz...

Como que por uma intervenção divina, encontramos uma solução "dentro de casa": fechamos uma rodada de investimentos de milhões de dólares em tempo recorde com os investidores que já tinham aplicado no Méliuz. Fomos conversar com quem já acreditava em nós e eles comprovaram essa confiança com uma atitude que jamais esqueceremos.

Estávamos de volta ao jogo! E saboreando mais um momento de felicidade. Entretanto, agora mais conscientes de que seria necessário continuar lidando com todos os problemas da operação e que eles estavam longe de serem resolvidos.

Com o dinheiro em caixa, aumentamos dez vezes o orçamento do time de marketing e continuamos contratando programadores para melhorar a nossa área de tecnologia. Em contrapartida, o time de operações deixou os processos mais organizados e redondos. Além disso, a sede antiga já não comportava mais o tamanho da equipe, chegando à situação de termos de pedir para o time trabalhar na área da cozinha em mesas e cadeiras de plástico, típicas dos botecos de Belo Horizonte. Por isso, com o novo investimento conseguimos nos mudar para a antiga sede do Google na cidade, com cinco andares e uma infraestrutura impecável para todos. Era um ponto de virada!

Estávamos otimistas e motivados, e, para nós, era questão de tempo para o modelo de cashback para lojas físicas começar a apresentar bons resultados.

PROJETO GUERRA

"Cadê o meu dinheiro?"

No mês seguinte ao que recebemos o investimento, algumas lojas parceiras começaram a reclamar, pois não estavam recebendo o repasse do dinheiro da Raios, a empresa responsável pelas máquinas de cartão. Quando o cliente comprava um produto e passava o seu cartão de débito ou crédito na maquininha do Méliuz, a subadquirente – a Raios, no caso – ficava com esse valor retido e, ao fim do período acordado, repassava essa quantia ao dono do estabelecimento, descontando o valor do cashback e da nossa comissão que, por sua vez, a Raios repassava ao Méliuz. No caso de pagamentos efetuados no débito, o valor deveria ser repassado em até dois dias; já nos pagamentos em crédito, a empresa tinha até 31 dias para repassar. Ou seja, quando as primeiras reclamações chegaram, imaginamos que se tratava apenas de um problema técnico — o que foi confirmado pelo João em uma ligação por telefone — lembrando que ele era dono da Raios.

Era estranho, pois parecia algo simples de ser resolvido. Alguns dias se passaram e continuamos acompanhando o pedido de resolução do problema, o que não aconteceu. As reclamações aumentaram, ao passo que a frequência com a qual o João nos respondia diminuía. Era uma proporção inversa e não demorou muito para que ele sumisse completamente.

E você pode estar pensando: *Ele nunca mais apareceu?* Ah, ele reapareceu, sim, mas não da maneira que gostaríamos. Ele reapareceu no momento em que uma pessoa do nosso time recebeu um link de uma reportagem que denunciava a empresa do João por um calote de milhões de reais em comerciantes, pois ele havia parado de repassar o valor das máquinas dos lojistas. Os depoimentos nas reportagens eram aterrorizantes – tanto quanto o sentimento que tomou conta de nós. O João, aquele mesmo do helicóptero, não era nossa salvação. Ele seria a nossa ruína.

37

Logo após a reportagem, que falava sobre uma reclamação de alguns poucos lojistas, passou a aparecer queixas de todos eles. Nenhum dos nossos parceiros estava recebendo um real da Raios. O lojista confiou na nossa solução e, sem o dinheiro repassado, podia quebrar em um mês e meio. Em pouco tempo, ele não conseguiria pagar o aluguel, as contas fixas de operação e até mesmo o salário dos seus funcionários. Aquilo era simplesmente injusto. E pelas nossas contas, nossos lojistas parceiros tinham alguns milhões de reais para receber da Raios.

Para piorar, nossa imagem estava em jogo e ela poderia ficar manchada para sempre. Bastava que alguma reportagem exibisse a máquina com o nosso logo e pronto: estaríamos associados àqueles calotes e adeus, Méliuz. Quem aceitaria ser nosso parceiro? Pois é. Ninguém.

Existiam outras questões que precisávamos pensar também: sem a Raios, como continuar oferecendo cashback no mundo físico? Precisávamos de uma máquina de cartões para continuar operacionalizando esse processo, porém sabíamos que achar um novo parceiro demoraria muito tempo e que o processo de procura e negociação poderia significar a nossa falência. E sem uma solução para vender, o que o enorme time comercial que contratamos iria fazer?

A rodada de investimentos que fizemos foi uma maneira de alavancar o Méliuz no mundo físico, mas sem a Raios, todo esse planejamento iria por água abaixo.

Dizem que em experiências de quase-morte é possível ver a vida diante dos seus olhos. Naquele momento vimos toda a história do Méliuz passar por nós como um filme. Qual seria o nosso futuro? O que faríamos com todas as pessoas que trabalhavam conosco e haviam depositado seus sonhos, esforços e suas esperanças no Méliuz? Sempre amamos o nosso time, nossos clientes e parceiros, e agora tudo caminhava para deixarmos eles na mão. Isso sem contar os nossos investidores, que acreditaram em nosso propósito e receberiam um fracasso gigantesco em troca.

A vontade era de desistir, sumir do mapa e nunca mais voltar. Entretanto, desistir nunca foi uma opção.

A VONTADE ERA DE DESISTIR, SUMIR DO MAPA E NUNCA MAIS VOLTAR. ENTRETANTO, DESISTIR NUNCA FOI UMA OPÇÃO.

// CAPÍTULO

O GOSPEL E A ROÇA

DO SITE GOSPEL AO MÉLIUZ	44
SEJA MUITO BEM-VINDO AO LUGAR ERRADO	47
QUEM PRECISA DE UMA BATEDEIRA?	49
DA ROÇA PARA A BOLSA DE VALORES	50
UFMG E IRLANDA	53
UMA VOLTA PELO BRASIL E O SONHO DE EMPREENDER	56
PARA FINALIZAR	59

Talvez você tenha virado a página com a intenção de saber o fim da história do Projeto Guerra. Porém aguarde mais um pouco, pois vamos explicar como resolvemos esse e outros problemas ao longo do livro. Antes de continuarmos, gostaríamos de nos apresentar (Israel e Lucas, autores do livro) e mostrar como chegamos até aqui.

Do site gospel ao Méliuz

"Israel, meu filho, você acha que está no caminho certo?"
Ouvi essa pergunta diversas vezes durante a minha infância e adolescência. Minha família é de Governador Valadares, Minas Gerais, e em todas as gerações teve o espírito empreendedor. Meu avô era um grande empresário da região; e meu pai, além de gerenciar alguns postos de gasolina do meu avô, abriu uma academia com a minha mãe em 1982 – e saiba que esse negócio existe até hoje.

Assim, cresci rodeado de problemas, desafios e conquistas de quem cria o próprio negócio, e sempre fui incentivado a perseguir minhas ideias. Por isso, amadureci sem o típico "frio na barriga" de quem inicia projetos próprios.

Para mim, a veia empreendedora surgiu quando eu ainda era adolescente. Entre estudar e jogar futebol na rua ou videogame, eu preferia ficar dentro de casa fazendo buscas na internet em um computador que ganhei. Eu queria saber como construir sites. Aprendi desde códigos HTML e PHP até a compra de domínios e a diagramação de páginas e me tornei um web designer.

O que nasceu como um hobby rapidamente se transformou em um negócio: buffets, bandas e outros interessados queriam ter os próprios sites e, como eu cobrava muito barato e entregava um bom trabalho, conquistei um número considerável de clientes.

Os sites fizeram com que outra porta se abrisse para mim. Em um passado não tão distante, era comum que bares e baladas contratassem fotógrafos para a cobertura de eventos. O roteiro era conhecido por quem frequentava as noites: você posava para a foto, recebia um cartão com as instruções de acesso ao site e, depois, poderia fazer o download das imagens e publicar em suas redes sociais – ou, na época, no Flogão ou no Fotolog. Naquele tempo ninguém tinha celulares que tiravam fotos de qualidade; logo, o único jeito de você ter uma foto sua com seus amigos nesses eventos era recorrendo a esses fotógrafos/sites.

Vendo esse mercado, percebi uma oportunidade. Nasci em um lar evangélico e não havia tais fotógrafos em eventos da minha comunidade. Então criei o site, a marca, o logotipo e uma programação especial para os eventos. Chamei fotógrafos da região de Governador Valadares e fiz nascer o Galeria Gospel – carinhosamente chamado de GG – em 2002. A demanda foi crescendo e o site começou a faturar com patrocínio de restaurantes e outros estabelecimentos que pagavam para ter suas marcas exibidas nas fotografias. Funcionava assim: quando as fotos eram tiradas e postadas no site, o patrocínio era feito para que essas empresas pudessem adicionar seus logotipos nelas e, consequentemente, serem repostados por outras pessoas.

Após um ano e meio de negócio, quando eu tinha 14/15 anos, já tive o gostinho de trabalhar em diferentes cidades, pois o Galeria Gospel já tinha fotógrafos em quatro regiões: Guarapari (ES), João Pessoa (PB), Governador Valadares (MG) e Belo Horizonte (MG). Porém, algum tempo depois, com o crescimento das redes sociais e smartphones, o negócio parou de fazer sentido. E tudo isso aconteceu quase na mesma época em que me mudei para Belo Horizonte para fazer o terceiro ano do ensino médio e me preparar para entrar em uma universidade. Fui aprovado no curso de Economia da Universidade Federal de Minas Gerais.

O QUE NASCEU COMO UM HOBBY RAPIDAMENTE SE TRANSFORMOU EM UM NEGÓCIO.

O GOSPEL E A ROÇA

Seja muito bem-vindo ao lugar errado

Escolhi cursar Economia porque tinha muita curiosidade sobre como funcionava o mercado financeiro e como investir em ações. Em janeiro de 2007, cheguei à sonhada faculdade, o lugar que me daria todas as ferramentas que eu precisava para conquistar os meus sonhos... Certo?

Errado. Eu estava sentado em uma das cadeiras da sala aguardando o discurso inaugural da coordenadora do curso. Antes mesmo que eu pudesse entender o que estava acontecendo, ela entrou na sala, abriu a porta e, sem nem pensar duas vezes, tirou minhas esperanças: "Se você escolheu o curso de Economia da UFMG para aprender sobre investimentos, mercado financeiro e ações, escolheu o curso errado", disse a mulher, sem pestanejar.

Foi um verdadeiro balde de água fria, mas decidi que continuaria ali mesmo e tentaria aprender sobre investimentos por conta própria. Assim, me afundei em livros e artigos sobre o mercado financeiro e, num belo dia, um colega de sala me perguntou sobre o que eu estava lendo e descobrimos que tínhamos esse interesse em comum. Esse amigo era o Ofli Guimarães, e a diferença entre nós dois é que ele já investia há algum tempo – e havia acabado de vender suas ações do Bradesco para comprar um carro.

Logo depois, descobri que um outro aluno havia criado um grupo de estudos sobre investimentos em ações, e foi assim que conheci o Lucas. Ele havia criado o Grupo Soros para que alunos frustrados com o curso de economia, como eu, ele e o Ofli, pudessem aprender por conta própria como investir em ações.

Depois de um tempo nos desenvolvendo, eu e o Ofli decidimos começar a empreender nesse setor. Então, quando eu tinha apenas 19 anos, fundei com ele a Solo Investimentos, um grupo que funcionava como uma gestora de ativos, um agente autônomo de investimentos e um braço educacional para ensinar os clientes a investir na bolsa de valores. Costumo brincar que fundamos a XP que deu errado. Era a primeira vez que o Ofli e eu empreendíamos juntos e começamos num momento *maravilhoso* para o mercado financeiro: durante a crise de 2008.

As ações, que ainda estavam desvalorizadas, permitiram que os clientes da nossa jovem empresa aproveitassem uma época positiva, e muitos tiveram um retorno financeiro interessante. Porém, só isso não foi suficiente para a Solo dar certo.

Além de nós dois como sócios, a Solo tinha outras quatro pessoas no comando. E embora formássemos um time de pessoas talentosas, a cultura, os valores e o método de trabalho não batiam. Resultado: os sócios foram deixando o barco um a um, e o que restou da empresa acabou sendo vendido para um grupo de investimentos de São Paulo. Essa experiência fez com que o Ofli e eu nos afastássemos do mercado financeiro, mas nos aproximássemos ainda mais do mundo do empreendedorismo.

O GOSPEL E A ROÇA

Quem precisa de uma batedeira?

Nos reunimos logo após a venda da Solo para decidir o que faríamos como empreendedores. Tínhamos muitas ideias e debatemos sobre elas. Algumas eram boas, enquanto outras eram péssimas e, em uma de nossas reuniões, começamos a olhar para os programas de fidelidade.

Ofli era usuário assíduo de alguns desses programas e percebeu diversas lacunas na maneira que eles funcionavam. Os pontos oferecidos por esses programas eram difíceis de acumular e, na maioria das vezes, eram suficientes apenas para serem trocados por produtos como batedeiras, liquidificadores e coisas do tipo. Para piorar, os tão sonhados produtos (como iPhones) custavam muitos pontos, e se você tentasse juntar, corria o risco de eles expirarem no meio do caminho.

Foi aí que percebemos a oportunidade de criar algo melhor. Era isso! Queríamos modificar o que estava sendo praticado no mercado – e qual é o melhor benefício que alguém pode receber? Dinheiro!

E foi assim que nasceu a ideia de oferecer a opção de receber dinheiro (cashback) direto em sua conta bancária, cortando a burocracia e entregando um valor real. Nascia, em setembro de 2011, o Méliuz – uma adaptação da palavra *melius* que, em latim, significa *melhor*.

EMPREENDER: A ARTE DE SE F*DER TODOS OS DIAS E NÃO DESISTIR

Da roça para a bolsa de valores

Eu sou o Lucas e meus primeiros anos de vida foram em uma roça, no interior de Minas, mais precisamente em Coqueiral, onde morei até os 4 anos. Na época, meu pai tinha uma criação de galinhas caipiras e minha mãe, além de professora de uma pequena escola na zona rural, fazia queijos frescos para vender. Ambos sabiam, porém, que para que eu e minha irmã tivéssemos uma educação de qualidade, deveríamos morar em uma cidade maior. Foi por isso que meus pais decidiram se mudar para Varginha, e lá abriram uma loja chamada Coisas da Roça que refletia exatamente o mesmo clima que vivi na infância: o cheiro de queijos frescos, doce de goiaba, frango caipira e outros itens típicos do interior do estado.

Quando penso na minha trajetória, acredito que o primeiro momento decisivo aconteceu quando estava na oitava série. Eu era um menino de 14 anos, e um professor me incentivou a começar a ler a revista *Exame*, pois era uma ótima publicação para aprender mais sobre temas que poderiam ser relevantes no vestibular que prestaríamos em alguns anos. Só que, mais do que me preparar para temas que pudessem cair na prova, ali eu comecei a entender um pouco sobre o universo da bolsa de valores. Fiquei alucinado pelos números e comecei a estudar tudo o que podia sobre o mercado de investimentos. Esses estudos se tornaram ainda mais palpáveis quando descobri a *Folha Invest* – um simulador de compra e venda de ações que não envolvia nenhum dinheiro de verdade e que apenas replicava o que acontecia na Bovespa (atual B3).

Desse modo, o que começou como uma brincadeira, acabou me rendendo frutos: um ano depois de começar a estudar ações, fiquei em segundo lugar do ranking anual do *Folha Invest*. O prêmio? Um curso na Bovespa! Fui para São Paulo e parecia que eu estava vivendo algo de outro mundo. Caminhava pelos corredores de um dos prédios mais importante da economia latino-americana e todas aquelas pessoas me olhavam espantadas, afinal eu não tinha sequer barba para disfarçar minha idade. Essa experiência foi incrível para mim, e saí daquele curso decidido a começar a investir de verdade. Mas havia um problema: com qual dinheiro?

Meus pais, empreendedores simples, não possuíam dinheiro guardado, então venderam um cavalo que tinham e, com esse dinheiro, fiz meus primeiros investimentos. Eu dei muita sorte. Isso foi em 2003, e eu costumo brincar que até um macaco ganharia dinheiro com ações investindo naquela época. Passei todo o ensino médio investindo e ganhando dinheiro com ações e por isso decidi cursar economia. Tinha certeza de que o curso me ajudaria a aprender mais sobre isso.

O QUE COMEÇOU COMO UMA BRINCADEIRA ACABOU ME RENDENDO FRUTOS: UM ANO DEPOIS DE COMEÇAR A ESTUDAR AÇÕES, FIQUEI EM SEGUNDO LUGAR DO RANKING ANUAL DO *FOLHA INVEST*.

O GOSPEL E A ROÇA

UFMG e Irlanda

Em janeiro de 2006 cheguei à sonhada faculdade, um ano antes do Israel e do Ofli, e, assim como eles, tomei um susto no primeiro dia de aula quando a coordenadora do curso falou que não aprenderíamos nada sobre mercado financeiro, ações e investimentos. Na dúvida entre continuar ou desistir, optei pela primeira e comecei a estudar por conta própria: criei o Grupo Soros, um grupo de estudos de alunos para aprendermos mais sobre bolsas e ações, em homenagem ao investidor e filantropo húngaro, George Soros, que é também gestor de um dos fundos mais rentáveis do mundo.[6]

Já no primeiro ano tivemos alguns bons resultados e, no ano seguinte, em 2007, aproveitei o discurso de início do ano da coordenadora para convidar novos participantes frustrados a entrarem para o grupo de estudos. Um deles era o Israel, e foi assim que nos conhecemos: unidos pelo descontentamento.

Tudo caminhava relativamente bem nesse início de carreira, mas eu tinha uma pedra no sapato: era um dos poucos alunos da minha turma que não falava inglês e eu sabia que isso me prejudicaria. Então, fiz uma loucura e usei toda a renda que tinha ganhado com ações para comprar um curso de inglês de seis meses e passagem aérea para a Irlanda. Porém, eu só tinha grana para sobreviver um mês, o resto do dinheiro eu teria que conseguir trabalhando lá.

Eu sei, minha família também achou que era uma loucura. Mas, às vezes, as coisas doidas dão certo! Em duas semanas de intercâmbio, eu já estava trabalhando como lavador de pratos em um restaurante. Estava, então, tudo garantido, certo? Errado!

---

6 GEORGE Soros: a trajetória cercada de polêmicas do gestor de um dos fundos mais rentáveis do mundo. **InfoMoney**. Disponível em: https://www.infomoney.com.br/perfil/george-soros/. Acesso em: 23 fev. 2021.

EMPREENDER: A ARTE DE SE F*DER TODOS OS DIAS E NÃO DESISTIR

Quando completei meu primeiro mês na Irlanda, em meados de 2007, eclodiu a Crise do Subprime[7] nos Estados Unidos, que trouxe consequências desastrosas para todos os países do mundo – a Irlanda, em especial, foi uma das nações mais atingidas.

Poucas semanas depois, a crise chegou no restaurante em que eu trabalhava. Lembro como se fosse hoje. Cheguei no trabalho e meu nome não estava no cronograma da semana. Chamei meu chefe e, já com a voz embargada, perguntei "eu perdi meu emprego?".

Ele olhou pra baixo e me chamou para conversar do lado de fora do estabelecimento. Disse que o restaurante não estava tão ocupado e que só iria precisar de um lavador de pratos (éramos dois). Assim, como eu havia sido o último a chegar, deveria ser o primeiro a sair. Eu ainda insisti dizendo que eu precisava do emprego, os olhos cheios de lágrimas, mas não adiantou. Só quem passou por isso sabe do que estou falando... naquele momento, meu mundo caiu.

Entretanto, eu decidi não contar a ninguém, pois não queria preocupar meus pais. Assim, passei duas semanas caminhando dez quilômetros por dia, entregando currículos, em busca de um novo emprego. Pés cansados, barriga vazia e uma enorme angústia de não saber como seria o amanhã. Naquela situação, eu aceitaria qualquer tipo de trabalho. Por ser imigrante e sem documento europeu, era ainda mais difícil arranjar algo porque, por lei, eu só poderia trabalhar vinte horas semanais.

Nessa época conheci o Ecio, também mineiro, e também desesperado para achar trabalho. Percorremos toda a cidade em busca de emprego. Alguns dias sequer almoçávamos para economizar dinheiro. Nunca recebi tantas negativas na minha vida.

Até que um dia tentamos uma vaga de camareiro em um hotel. A gerente disse que a vaga já havia sido preenchida e que ela não poderia nos ajudar. Então, num ato de desespero, falei: "Estamos com fome, por favor, precisamos desse trabalho". Ela guardou nosso telefone e disse que ligaria se tivesse algo. Um dia depois o telefone tocou e ela disse: "Consegui duas vagas para vocês!". Fomos contratados juntos! Choramos e comemoramos, tínhamos conseguido!

Naquele ano, mais do que aprender inglês, aprendi o significado de resiliência. Com certeza, a principal competência para quem quer empreender.

---

7 A Crise do Subprime foi uma crise financeira deflagrada nos Estados Unidos em 24 de julho de 2007 a partir da queda do índice Dow Jones, e foi motivada pela concessão de empréstimos hipotecários de alto risco. (N. E.)

NAQUELE ANO, MAIS DO QUE APRENDER INGLÊS, APRENDI O SIGNIFICADO DE RESILIÊNCIA. COM CERTEZA, A PRINCIPAL COMPETÊNCIA PARA QUEM QUER EMPREENDER.

EMPREENDER: A ARTE DE SE F*DER TODOS OS DIAS E NÃO DESISTIR

Uma volta pelo Brasil e o sonho de empreender

Ao fim do período do intercâmbio, voltei ao Brasil e, depois de um rápido estágio na Oi, comecei a me candidatar para programas de trainee da HSBC, ALL e Ambev – esse último representando o sonho de consumo de todo jovem. Fui aprovado nos dois primeiros, mas aguardava ansioso o resultado do terceiro: um processo de 21 vagas para 73 mil candidatos. Sempre admirei a cultura da Ambev e seu trio de sócios, Jorge Paulo Lemann, Marcel Telles e Beto Sicupira, e era lá que queria trabalhar. A última etapa do processo foi uma entrevista com o CEO e todos os diretores da empresa, e foi a mais difícil da minha vida.

Meu telefone tocou no dia seguinte: era um diretor da Ambev. Ao perguntar se eu estava bem, já fui logo dizendo que não, pois não havia mostrado meu potencial no papo e estava frustrado por isso.

"Que pena que você não mostrou seu potencial", ele respondeu. "Mas pode ficar tranquilo, você vai ter tempo de sobra para mostrar isso aqui dentro. Agora você é trainee Ambev! Pode tomar muitos de nossos produtos hoje para comemorar. E amanhã, quando acordar de ressaca, beba Gatorade – o produto também é nosso!". A felicidade dessa conquista não cabia em mim!

A experiência na Ambev me ensinou demais, e em vários lugares do país. Passei por Salvador, Rio de Janeiro, São Paulo e Brasília. Como supervisor de vendas em Brasília, consegui diminuir o preço dos produtos da região que tinham os valores mais altos do país, criando os perfis "Litrão Barato" no Facebook e no Twitter. Nele, os bares disputavam quem oferecia o melhor preço do local. Cheguei ao cargo de Gerente de Futebol e Copa do Mundo, mas (e sempre tem um "mas") eu não estava feliz. Quando saía para tomar cerveja com meus amigos que já empreendiam, ficava ainda mais claro que eu precisava de outra coisa.

E assim, após alguns anos na Ambev, eu pedi demissão. A notícia do meu pedido pegou todos os meus colegas de surpresa: eu estava batendo todas as metas e o futuro se desenhava de um jeito muito positivo. "Você está louco?" foi a frase que ouvi do meu diretor. Pode ser que sim, mas meu coração me mandava seguir com essa loucura. Algum tempo atrás eu havia assistido a um vídeo do Jorge Paulo Lemann – um dos responsáveis por aquele império – falando sobre a importância de assumir riscos. Aquele vídeo havia sido motivador para mim, eu não mudaria de ideia.

A primeira tentativa de um negócio, como acontece com 99% dos empreendedores, foi um fracasso, óbvio. A ideia era promissora: um bar gigantesco ao lado da maior universidade de Minas, com mais de 40 mil alunos, e que, na época, só tinha um boteco nas redondezas. Consegui um terreno excelente, o investimento necessário, um bom projeto e um excelente sócio. Eu só me esqueci de um detalhe básico: a autorização da prefeitura. A previsão de liberação de todos os trâmites burocráticos para o início da construção era de dois anos! Um tempo que não tínhamos disponível. E foi assim que minha primeira grande ideia morreu, antes mesmo de ter nascido, porque eu não tinha me preparado para as questões legais do negócio que queria desenvolver.

Depois do bar fracassado, fundei com outros sócios, em 2014, uma startup chamada Projeto Brasil, que pretendia desenvolver tecnologia para melhorar a política brasileira. Fomos aprovados no SEED, um programa de aceleração de startups do governo de Minas Gerais, e em pouco tempo lançamos um site que ajudava as pessoas a compararem as propostas dos candidatos que disputam a eleição. Com o tempo, *gamificamos* a experiência do usuário, e a viralização foi instantânea. Todos os grandes canais da imprensa estavam publicando notícias sobre o Projeto Brasil.

Alguns meses depois, Israel e Ofli pediram minha ajuda na startup deles, o Méliuz. "Como posso ajudar vocês se estou cuidando da minha startup?". Porém, eles me convenceram a trabalhar dois dias por semana no Méliuz. Quase dez anos depois de a gente ter se conhecido na faculdade, voltamos a fazer algo juntos.

Com o tempo, comecei a curtir muito mais os dois dias que passava no Méliuz do que os dias que eu trabalhava no Projeto Brasil. Eu me apaixonei pela cultura e pelo time incrível que o Méliuz já tinha naquela época.

Trabalhando juntos, definimos metas desafiadoras e as superamos um mês depois do outro. Foi então que o Israel e o Ofli me convidaram para ser sócio no Méliuz, o que considero o melhor presente da minha vida. Abri mão da participação no Projeto Brasil e passei a respirar o Méliuz em tempo integral.

A PRIMEIRA TENTATIVA DE UM NEGÓCIO, COMO ACONTECE COM 99% DOS EMPREENDEDORES, FOI UM FRACASSO, ÓBVIO.

Para finalizar

Como você percebeu, a nossa vida não andou em linha reta. Você imaginaria o dono de um site chamado Galeria Gospel escrevendo este livro? Ou um cara que veio da roça sem nenhuma experiência com negócios? Talvez sim, mas provavelmente não.

Entretanto, de uma forma ou de outra, nossas histórias nos prepararam para as porradas que ainda tomaríamos na nossa jornada empreendedora.

// CAPÍTULO

CASAR COM A PESSOA ERRADA

A SOCIEDADE	64
QUER COMEÇAR UMA SOCIEDADE COMIGO?	68
ACHEI O MEU SÓCIO, E AGORA?	70
LIDANDO COM OS PROBLEMAS E A MÉTRICA DA SOCIEDADE	73
"SERÁ QUE FOI CULPA MINHA?"	76
SÓCIOS CONVERSAM (E BRIGAM)	79

Lá no início do livro, começamos pela história do Projeto Guerra porque ela é a mais significativa na nossa trajetória – e para mostrar que, mesmo com certa experiência, é possível que o empreendedor faça m*rda. Afinal, o Projeto Guerra aconteceu em 2017, quando o Méliuz já tinha seis anos de trajetória.

Então agora que você sabe qual foi o início da nossa jornada, como nos conhecemos e como o Méliuz nasceu, é hora de falarmos um pouco sobre os problemas que todo empreendedor pode enfrentar. Queremos mostrar o que aconteceu conosco durante esses quase dez anos de jornada empreendedora. São relatos nos quais mostraremos como falhamos. Depois solucionamos. E aí falhamos de novo.

Assim, nos próximos capítulos, optamos por elencar os problemas em uma ordem que costuma ser comum no caminho do empreendedor – e que é também a ordem em que tudo geralmente acontece e que os donos do negócio costumam se f*der, mas que não necessariamente será a ordem cronológica dos problemas que aconteceram com o Méliuz.

Respire fundo que a gente chega lá.

A sociedade

Uma das primeiras lições que podemos trazer é: casar-se com a pessoa errada pode ser o fim do seu negócio.

Mas o que isso quer dizer? Quer dizer que a escolha da pessoa com quem você firmará sociedade é vital para o sucesso do negócio em si – e quem errar nesse "casamento" pode ver a empresa falir. Literalmente. Aliás, segundo um estudo que Noam Wasserman, professor da Harvard Business School, apresenta no livro *The Founder's Dilemma*,[8] cerca de 65% das startups de alto potencial acabam falindo por conflito entre os fundadores. Para esta pesquisa, ele entrevistou dez mil fundadores e essa é uma leitura que recomendamos sem pensar duas vezes.

Quando o Israel estava montando a Solo Investimentos junto com o Ofli, eles passaram algum tempo decidindo quem poderia se tornar sócio do negócio. Isso envolveu, no geral, duas etapas:

1. Entender se os escolhidos eram pessoas de quem eles gostavam – e, é claro, se existia empatia com aqueles indivíduos.
2. Fazer uma pequena checagem técnica para avaliar se aquela pessoa entendia do mercado de investimentos como um todo e se seria um integrante complementar para a liderança.

A ideia era que a combinação do fator empatia aliado à checagem da competência pudesse ser um ótimo indicativo para chegar aos nomes finais que firmariam a sociedade.

---

8 WASSERMAN, N. **The Founder's Dilemmas:** Anticipating and Avoiding the Pitfalls That Can Sink a Startup. Nova Jersey: Princeton University Press, 2012.

CASAR COM A PESSOA ERRADA

O Lucas saiu da Ambev e lá aprendeu muito bem como formar times com excelência. Assim como Israel com a Solo, para começar a sociedade e montar o Projeto Brasil, ele buscou pessoas com quem sentia conexão e que também eram extremamente competentes. O resultado de tudo isso? Os dois tiveram problemas com os sócios.

Muita gente subestima a importância de encontrar os sócios certos, e o que geralmente acontece no início foi também o que levou ambos ao erro: dar um peso muito grande a amizades ou a pessoas que você conhece bem na esfera pessoal. E não nos entenda mal, a empatia é importante para a convivência, mas está longe de ser o suficiente para sustentar uma sociedade com alguém.

Mas se os sócios das duas empresas eram tão competentes, o que deu errado? Sim, eles eram ótimos e queriam fazer os negócios darem certo. O problema é que as ideias e os valores como um todo eram divergentes – e de nada adianta ter onze jogadores ótimos para um time de futebol se eles não têm entrosamento entre si. Mais importante do que saber o que fazer é poder olhar para o lado e saber que você não está em uma jogada individual – ter um time de sócios bem entrosado é a receita certa para gols e títulos.

Assim, tanto na Solo Investimentos quanto no Projeto Brasil, faltava o que, hoje, consideramos o pilar fundamental na hora de buscar um sócio: cultura e valores compartilhados que guiem a empresa.

A cultura funciona como uma constituição do negócio. Debates vão existir, mas se existe uma constituição que ofereça o norte para uma conclusão, fica tudo mais fácil. Ou seja, sem valores compartilhados, toda discussão se torna desgastante e corre o risco de cair em um buraco sem fundo, no qual tudo o que importa são as opiniões pessoais.

O Lucas, por exemplo, sempre acreditou na velocidade como uma das melhores estratégias para fazer um negócio funcionar. A qualidade vai ficar abaixo do esperado em um primeiro momento? Tudo bem, isso se resolve depois. Seus sócios da Projeto Brasil, porém, queriam tudo com muita qualidade, mesmo que isso resultasse em atrasos e lentidão.

E aqui o ponto principal não é estar certo ou errado, estamos falando sobre os valores e prioridades diferentes de cada empreendedor. Sem ter um caminho comum para que todos possam olhar e entender a melhor maneira de seguir, tudo vira um cabo de guerra – vencido pelo cansaço, e não pela razão.

Se não existe uma ideia coletiva que rege a empresa, você vai ter muitos cabos de guerra, até que em um deles estoura e sua empresa tem de começar do zero. Quando existem valores bem estabelecidos, mesmo as ideias que podem ser divergentes acabam sendo direcionadas e repensadas por todos da empresa a fim de alcançar o compromisso comum até que tudo se torne um produto (ou uma solução).

SE NÃO EXISTE UMA
IDEIA COLETIVA QUE
REGE A EMPRESA,
VOCÊ VAI TER MUITOS
CABOS DE GUERRA.

EMPREENDER: A ARTE DE SE F*DER TODOS OS DIAS E NÃO DESISTIR

Quer começar uma sociedade comigo?

Neste tópico separamos algumas dicas práticas para aqueles que estão em busca dos sócios perfeitos. Por isso, leia com muita atenção cada um dos passos, veja se quem você está avaliando se encaixa em todos os pontos e, se necessário, volte sempre a essa lista para avaliar se deixou passar algo.

Comece devagar – Imagine que firmar uma sociedade é quase como um casamento. Você não vai pedir a mão de alguém no primeiro encontro, certo? Logo, pense em um período de teste. Dê tempo para conhecer os valores e a cultura profissional da pessoa. Em uma primeira conversa, ela pode até fingir ser algo que não é, mas isso não vai perdurar por cinco ou dez papos.

Crie oportunidades de trabalhar junto com seu futuro sócio antes de abrir a empresa – Essa dica vem com uma história: uma vez, um jovem procurou o Lucas contando a origem da sua sociedade. Ele disse que ela foi firmada em um churrasco – ele contou sobre a ideia e, entre uma carne e uma cerveja, três caras se empolgaram e disseram que queriam firmar aquela parceria. A recomendação do Lucas foi: tente trabalhar com essas pessoas ainda sem abrir um CNPJ. Teste hipóteses, faça conversas e entenda o quão interessadas elas estão. O jovem seguiu o conselho e, em dois meses, duas das três já não respondiam aos e-mails. Em seis meses, ele ficou totalmente sozinho. Imagine se ele tivesse aberto uma empresa com os "sócios" do churrasco? Por isso, é muito interessante que você consiga criar oportunidades para trabalhar com o(a) escolhido(a) antes mesmo de abrir o negócio efetivamente. Essa é uma opção interessante para diminuir a chance de erro.

Viu que vai dar errado? Não demore para tomar uma atitude – Em outra das mentorias que deu, Lucas recebeu a pergunta de um empreendedor: "E se eu discordar do meu sócio em relação à cultura?". A resposta foi direta: "Termine a sociedade. Insistir com pessoas que não compartilham dos mesmos valores é adiar um fim quase certo de uma empresa". Se você está em uma sociedade na qual os valores e a cultura não são compartilhados, nosso conselho é que você reavalie se essa parceria realmente faz sentido, pois as chances de dar errado são muito grandes.

Amplie o leque de opções – Essa história é de uma empreendedora que queria achar um CTO[9] para transformar em sócio. A nossa dica foi: "Faça um rigoroso processo seletivo, ofereça um salário abaixo do mercado (para testar comprometimento e resiliência), trabalhe com os candidatos por alguns meses e avise que, se tudo der certo, eles poderão ser sócios". Ela fez isso com três pessoas: com duas o processo deu errado, mas com uma deu muito certo. Um ano e meio depois, ela chamou esse candidato para ser sócio. É preciso ampliar o leque de opções e saber que nem tudo está perdido caso não apareça a pessoa ideal em um primeiro momento. O *match* não é fácil, mas ele acontecerá se você utilizar as ferramentas certas.

Resguarde-se judicialmente – Alguns podem achar que essa dica não é importante, mas, em nosso entendimento, ela é valiosíssima. Há cláusulas que permitem que o contrato de sociedade dê algumas opções para os donos da empresa: *cliff* e *vesting*. A primeira indica que o sócio só terá direito à sua primeira participação societária depois de determinado tempo trabalhando na empresa. Já a segunda é uma cláusula complementar, pois prevê a porcentagem distribuída depois do período de *cliff*. Por exemplo: dois sócios firmam um contrato com *cliff*, em que ambos recebem o primeiro direito de participação depois de um ano. Se um deles abandona a parceria antes dos doze meses, não recebe nada. Após esse primeiro período, porém, eles recebem 50% do total da participação – e, caso saiam da empresa em algum desses momentos, sua participação será calculada proporcionalmente, considerando o número de meses restantes para o fim do contrato.

---

9 Abreviação de Chief Technology Officer, responsável pela área de tecnologia. (N.E.)

Achei o meu sócio, e agora?

Israel e Ofli sempre acreditaram que precisavam de muita gente competente dentro do Méliuz e que aqueles que mais se destacassem em termos de resultado e cultura também deveriam virar sócios. Não era somente uma moeda de troca para recrutamento e retenção, as *stock options*[10] tinham como objetivo reconhecer aquelas pessoas do time que trabalhavam como donos, e, por isso, mereciam virar donos.

Muitos fundadores são contra isso. Afinal, é mais gente dividindo o pedaço do bolo. Porém, a ideia é que, com gente competente, com a cultura do Méliuz nas veias e com uma porcentagem da empresa, esse bolo pode crescer para todos.

Entretanto, a verdade é que, no início, fizemos esses acordos sem o cuidado necessário. No começo da empresa, não sabíamos ao certo o que as outras startups praticavam – até porque, em meados de 2011, não se encontrava uma startup por quarteirão como hoje. Ou seja, sem uma mentoria, acabamos com muitas dores de cabeça relacionadas ao *captable* – que é a maneira como as ações estão divididas entre os sócios. Destacamos duas histórias que serviram de aprendizado e, a seguir, falaremos sobre como lidar com os problemas desse tipo.

O estagiário dedicado

No começo da startup, é provável que você se depare com um profissional jovem, com muita garra e vontade de fazer dar certo. Por ele estar na sua empresa

---

10 Ou opção de compra de ações, diz respeito ao momento em que a empresa fornece ao funcionário a opção de adquirir ações a um valor predeterminado depois de um período de tempo de contrato. (N. E.)

desde os primórdios, nada mais justo do que valorizar o trabalho dele com o passar do tempo. Isso aconteceu conosco: tínhamos um estagiário que dava muita raça e, naquela época, era o que mais precisávamos. Oferecemos, então, uma pequena participação na empresa. Com o tempo, a empresa cresceu e a responsabilidade do estagiário aumentou, ele virou analista e, depois, gestor. No entanto, sua entrega ficou aquém das pessoas que estavam abaixo dele, sem conseguir acompanhar o crescimento da empresa e de seus colegas. Anos depois, nos deparamos com uma dor de cabeça: seu *equity*, ou sua participação na empresa, era muito grande quando comparado ao que entregava.

O programador competente

Fundadores, CEOs ou diretores sabem: achar CTOs ou programadores excelentes não é uma tarefa fácil. Quando a tecnologia é o *core* do negócio, então, a importância do profissional é ainda maior. No nosso caso, oferecemos uma participação exagerada – quase igual à nossa – para um programador. Ele era ótimo, muito competente, mas já recebia um salário compatível com o mercado. Depois de certo tempo, percebemos que a participação não era condizente com o papel que ele tinha dentro da empresa.

TINHAM COMO OBJETIVO RECONHECER AQUELAS PESSOAS DO TIME QUE TRABALHAVAM COMO DONOS, E, POR ISSO, MERECIAM VIRAR DONOS.

CASAR COM A PESSOA ERRADA

Lidando com os problemas e a métrica da sociedade

Em ambos os casos, nós e outros sócios começamos a ficar incomodados com a porcentagem do *captable*, das ações da companhia, na mão desses sócios. E pessoas de dentro da equipe que também recebiam a participação começam a ficar desmotivadas. Isso aconteceu por duas razões: a primeira delas é que não é fácil ver alguém ter a mesma participação que você (ou ainda maior) sem entregar tanto quanto você entrega, sem tanta relevância e responsabilidades. A segunda razão é que, quando uma nova rodada de capital é feita para levantar investimentos, isso significa que a participação dos sócios vai se diluir ainda mais, afinal, você e seus sócios irão ceder uma porcentagem da empresa em troca do dinheiro investido. Ou seja, é preciso colocar no jogo pessoas que façam esse processo valer a pena.

Durante o processo seletivo para nos tornarmos Empreendedores Endeavor quase fomos reprovados por conta do nosso *captable*. Os avaliadores perguntaram: "O que vocês vão fazer em relação à participação dessa pessoa?". Nesse caso especificamente, eles estavam falando sobre o programador.

No decorrer do processo, eles têm acesso a uma pasta com os dados da empresa, ou seja, quem são os sócios e suas participações. Os jurados nem sabiam a função dele no Méliuz, mas deduziram que, por não estar conosco lá e ter uma participação tão alta, era um problema a ser resolvido. E eles estavam certos.

Não podíamos simplesmente dizer que ele tinha essa participação porque era um excelente programador. Sabíamos o que tinha de ser feito. Então, tivemos a difícil, mas necessária, conversa com esse profissional. Para limpar o *captable*, precisávamos comprar a sua parte. Falamos com toda a sinceridade: "Erramos porque a sua contribuição não justifica esse *equity* (porcentagem de ações). Precisamos que a sua participação seja mais saudável para a empresa". Não foi fácil, mas nós resolvemos, e ele foi a primeira pessoa que fez dinheiro com o Méliuz – um valor considerável, menor do que o valor de mercado da empresa, mas era o que podíamos pagar.

Em relação ao estagiário, vale lembrar de um trecho do livro *O lado difícil das situações difíceis* – uma leitura obrigatória para qualquer empreendedor –, de Ben Horowitz,[11] o qual explica que, em algum momento, você precisará romper com alguém que o ajudou no começo. Com o estagiário, foi isso que fizemos: ele tinha uma participação, mas a sua entrega ficou tão aquém que não tinha como o mantermos no Méliuz naquela posição. Ele era bom, por isso conseguimos recolocá-lo em outra empresa que Israel e Ofli tinham participação. Fez mais sentido para o estagiário e para o Méliuz. Não conseguimos recuperar o *equity* dele da startup – já que ele não tinha nenhuma obrigação de vender suas ações para nós, e nenhum termo de negociação foi aceito. Erramos ao não ter adicionado ao contrato de sociedade um mecanismo de opção de compra pré-negociada com ele – que nos permitiria recomprar a participação dele a um determinado valor.

Esses processos são dolorosos, mas precisavam acontecer. Talvez você vá passar por isso e precisará ter a clareza e a firmeza para tomar a decisão certa antes que seja tarde demais. Muitos empreendedores acabam adiando decisões difíceis como essa, e já vimos vários quebrarem ou não conseguirem captar investimento por conta de um *captable* ruim.

Por fim, esses são só alguns dos motivos pelos quais é tão importante fazer uma minuciosa análise dos sócios em potencial. No Méliuz, aprendemos com os erros e hoje contamos com um processo para sociedade do qual temos muito orgulho e que é referência no mercado de startups. Explicaremos a seguir como ele funciona:

1. Hoje, cerca de 20% dos funcionários do Méliuz são sócios. É um benefício da empresa que ocorre desde 2014.
2. Todo ano abrimos inscrições para quem quiser se tornar sócio da empresa: os interessados devem escrever uma carta contendo de 15 a 35 páginas para os fundadores explicando o porquê de serem merecedores da sociedade. Na carta, eles escrevem sobre seu passado, com acertos e

---

11 HOROWITZ, B. **O lado difícil das situações difíceis**: Como construir um negócio quando não existem respostas prontas. São Paulo: WMF Martins Fontes, 2015.

fracassos, seus resultados e legados no Méliuz, por que querem ficar na empresa no longo prazo e como esperam contribuir para nosso futuro.
3. Com base na carta, no alinhamento cultural da pessoa e nos resultados que ela entregou para o Méliuz, decidimos quem irá ou não virar sócio(a) e qual a quantidade de ações irá receber da empresa, isso é, o tamanho percentual da empresa da qual ela será dona.
4. O contrato de sociedade é firmado com *cliff* e *vesting*: a pessoa recebe os primeiros 30% de que tem direito depois de três anos da empresa e a cada ano recebe o restante, totalizando 100% depois de cinco anos. No início, nosso tempo de *cliff* e *vesting* era menor, mas decidimos alterar para valorizar sócios mais comprometidos com o longo prazo.

Assim como no começo, lá em 2012 ou 2013, continuamos acreditando que, se as pessoas se sentem donas, parte do todo e vestem a camisa, há mais chances de o negócio expandir. Depois das experiências ruins, somos mais cautelosos, mas mesmo assim temos problemas. Pois é... explicaremos adiante.

EMPREENDER: A ARTE DE SE F*DER TODOS OS DIAS E NÃO DESISTIR

"Será que foi culpa minha?"

Uma época ruim chegou como uma ventania estranha e forte em 2019. O Méliuz estava em uma ótima toada de crescimento, com a empresa rodando como um relógio suíço. Mas, em um dia que parecia comum, fomos pegos de surpresa com um dos diretores nos contando, abruptamente, que um dos sócios tinha pedido para sair.

E não era qualquer sócio. Gostávamos muito dele, era um funcionário exemplar e, mais do que isso, era alguém que havia subido de cargo há pouco tempo e parecia imensamente feliz com sua rotina, sua posição e sua promoção. Nos entreolhamos confusos: algo estava errado.

No fim das contas, o agora ex-sócio só queria empreender – o que não mudou o nosso choque pois, na nossa cabeça, ele ficaria conosco por muito tempo. Mas não, aquele cara que havia acabado de receber uma promoção estava se desligando. Foi o equivalente a um divórcio depois de uma viagem romântica sem nenhuma briga.

Mal tivemos tempo de nos recuperar daquela surpresa e, pouco menos de um mês depois, outro sócio, igualmente querido e produtivo, se desligou. E mais um. E outro.

Em seis meses, cinco sócios do Méliuz haviam se desligado e, com exceção de um deles, que já havia relatado certas insatisfações e desejos de mudança, todos os outros nos pegaram de surpresa. O gosto amargo na boca era inevitável, assim como o questionamento clássico de um cônjuge abandonado: *Será que a culpa foi minha?*.

Existe, dentro de uma sociedade, uma relação inegável de troca e confiança. Além de serem as próprias pessoas que escrevem uma carta com a intenção de entrar para a sociedade, o mínimo que esperamos é o comprometimento da pessoa com o Méliuz durante o período de *vesting*. Não esperamos que aquilo dure a vida inteira. Porém, quando a saída é abrupta, sem conversas prévias que demonstrassem qualquer insatisfação, é inevitável sentir um amargor.

Essas saídas também trouxeram questionamentos para os times internos, que passaram a ter algumas dúvidas sobre o quão boa aquela sociedade era. Afinal de contas, uma debandada de tantas pessoas com posições de liderança assusta quem está, hierarquicamente, em posições menores. É como um efeito dominó, que foi controlado com conversas, mas que deixou marcas em nossas vidas enquanto empreendedores.

Uma consequência clara dessa debandada se deu em uma reunião, no começo de 2020, em Manaus. Tivemos um encontro com os times completos, mas também aproveitamos para conversar exclusivamente com os sócios, abrindo nossos corações sobre como as saídas de 2019 haviam nos incomodado e chateado. Mais importante do que isso, a conversa ajudou a esclarecer que, se alguém ali estivesse incomodado, seja com as próprias condições na empresa, com alguma decisão estratégica ou até mesmo se achasse que nós estávamos distantes dos valores originais do Méliuz, deveria nos contar — naquele momento ou em outra oportunidade.

Foi algo imensamente positivo! Vários sócios apontaram questões interessantes, enquanto outros assumiram ter sentido o mesmo amargor com as saídas de 2019. A conversa foi visceral, mas trouxe ótimos frutos.

É importante ter essa noção: o empreendedor pode (e vai) ficar chateado com alguns colaboradores. Temos total gratidão por todos os funcionários que saíram — mesmo os que foram embora repentinamente —, mas isso tornou o nosso processo de sociedade ainda mais rigoroso. E a lição que ficou de tudo isso foi que, mesmo que você faça tudo do jeito certo, alguns sócios podem acabar abandonando o barco de maneira repentina, e você vai se sentir desolado. Prepare-se para o impacto.

EXISTE, DENTRO DE UMA SOCIEDADE, UMA RELAÇÃO INEGÁVEL DE TROCA E CONFIANÇA

CASAR COM A PESSOA ERRADA

Sócios conversam (e brigam)

Saiba que, como empreendedor, você terá inúmeras conversas difíceis sobre sociedade. No Méliuz, o Israel já teve alguns debates difíceis com o Ofli – e olha que ele é um sócio que sempre compartilhou dos mesmos valores. Um dos papos mais desafiadores foi sobre salário: Israel demorou quatro ou cinco anos, mas tomou coragem para conversar sobre a remuneração que recebia como CEO. Sentiu-se incomodado porque não achou que estava sendo remunerado de maneira compatível com o cargo que ocupava, já que o seu salário na época era exatamente igual ao do Ofli, que ocupava o cargo de CFO. Em muitos negócios, os sócios são remunerados de maneira igual apenas por serem sócios, e não de acordo com as funções que exercem, e isso pode ser desmotivador depois de algum tempo.

No final de 2016, ele chamou Ofli em uma das salas de reunião após um longo dia de trabalho e disse: "Ofli, temos papéis muito bem definidos. Temos uma divisão clara. Assim, por termos funções diferentes, acredito que devemos ser remunerados de maneira diferente e compatível com o papel que exercemos".

Israel suou frio. Tinha plena convicção do que tinha acabado de falar, mas não sabia como seria a reação de Ofli. Assim, de início, Ofli pareceu entender e disse que ia pensar na melhor maneira de resolver a questão. Uma hora depois, chamou Israel para conversar e disse, numa boa: "Você está com algum problema com o meu trabalho? Acha que não estou entregando o suficiente?".

Israel explicou para ele que aquele papo não tinha a ver com o trabalho que ele entregava, mas com o sentimento de que deveriam reorganizar as remunerações de acordo com os papéis exercidos. Foi um aprendizado para os dois, pois eles se entenderam, acertaram os pontos que incomodavam e seguiram em uma nova fase da empresa, na qual ambos estavam confortáveis e alinhados.

Um dos exercícios mais importantes para uma sociedade dar certo – além de tudo o que falamos acima – é a conversa. Lembra-se da carta que funcionários do Méliuz podem mandar para serem sócios, sobre sonhos e aspirações profissionais e pessoais? Em 2018, Israel teve uma conversa com Ofli nesse sentido. Sentaram-se, colocaram prioridades e fizeram perguntas um ao outro sobre o futuro pessoal e profissional de cada um.

Nessas perguntas, estavam: "Como você se imagina daqui a cinco anos?", "Acredita que ainda estará trabalhando no Méliuz?" e "Acha que vai estar casado e com filhos?".

Esses tipos de perguntas ajudam em decisões da empresa, pois elas alinham os objetivos profissionais com os desejos pessoais. Para nós, foi importante debater sobre essas vontades, e é algo que recomendamos para todos os fundadores de empresas: tenham essa conversa franca e sincera pelo menos uma vez por ano, pois é possível que os objetivos mudem e as aspirações pessoais também. E, acredite, estar alinhado nessas pautas evitará alguns arranca-rabos com seus sócios durante o dia a dia.

A nossa relação e a do Israel com o Ofli são exemplos de como sócios devem compartilhar da mesma cultura, porém isso não significa que não existam desentendimentos. E, às vezes, desentendimentos sérios.

Certa vez, em 2012, Israel e Ofli tiveram uma discussão homérica. Eles estavam em um hotel em São Francisco, na Califórnia, na época em que a startup ainda engatinhava. Por lá, os dois visitaram a Ebates (que agora se chama Rakuten), maior site de cashback dos Estados Unidos.[12]

Depois da visita na empresa, voltaram ao hotel e começaram a conversar sobre os recursos que poderiam aplicar ao Méliuz. Uma das ferramentas usadas no Ebates que chamou a atenção deles foi a automatização do atendimento. Foi uma conversa, na verdade, em que um falava "X" e o outro rebatia com "Y". E o que começou como um debate simples logo ficou fora de controle: gritaria, xingamentos e uma perda de razão dos dois, transformando aquilo em algo pessoal e até assustando outros hóspedes que ouviam a discussão.

Com o computador em mãos, Israel saiu batendo a porta e foi para o lobby do hotel. Pensou que nunca mais trabalharia com aquele cara.

---

12 BEST cashback sites. Money Pantry. Disponível em: https://moneypantry.com/best-cash-back-sites/. Acesso em: 22 mar. 2021.

Passou uma hora. Uma hora e meia. Israel, que sempre se considerou uma pessoa rancorosa – apesar de ter trabalhado muito isso nos últimos anos –, tinha a certeza de que o Méliuz havia acabado ali mesmo. Até que Ofli saiu do quarto e foi até o amigo e sócio, pedindo desculpas e dizendo o que era óbvio para os dois: aquela discussão não fazia sentido e eles deviam ir beber em algum bar da cidade.

A parte mais engraçada disso tudo é que a tal ferramenta de automatização, o estopim da discussão em 2012 foi, sim, aplicada, mas em 2015, três anos depois, sem que o Ofli e o Israel participassem da decisão.

O processo de sociedade é longo e cauteloso. Um flerte se transforma em namoro, noivado e, só então, em casamento. E mesmo assim pode dar em divórcio se os sócios não cuidarem da relação ao longo do tempo. Debates acalorados podem acontecer. Até os melhores casamentos têm brigas. Mas os casamentos que perduram são aqueles nos quais os desentendimentos são resolvidos com muita conversa, transparência e empatia.

Por isso, nosso conselho final sobre sociedade é: mesmo quando você encontrar a pessoa certa, saiba que conflitos serão parte da convivência. Porém, desde que vocês compartilhem dos mesmos valores, isso não será um problema.

// **CAPÍTULO**

SONHE GRANDE, MAS COMECE PEQUENO

SONHO QUE VIRA REALIDADE	87
COMEÇAR PEQUENO É ESPERTO	88
RETER É MAIS IMPORTANTE DO QUE ATRAIR	91
A EXPECTATIVA DE EMPREENDER	92
A CAUTELA É A MESMA PARA NOVOS PRODUTOS EM EMPRESAS CONSOLIDADAS	93

Em 2011, Israel e Ofli decidiram vender a Solo Investimentos porque a empresa não mais os fazia feliz. A dinâmica entre os sócios não estava funcionando. Aliás, a verdade é que essa decisão foi mais do que uma venda: foi como tirar um peso das costas. A primeira experiência empreendendo havia sido aventureira, mas queriam ser certeiros na segunda.

Como contamos anteriormente, muita pesquisa foi necessária antes do lançamento do Méliuz. Eles estudaram de verdade para entender se cada ideia que tinham se sustentava. Mais do que isso: tentavam não se deixar cegar pela empolgação para aparar qualquer aresta que aparecia durante o planejamento do novo negócio. Se encontravam alguma lacuna que comprometesse o que tinham em mente, davam um "cavalo de pau", pivotavam e mudavam o *core* do negócio.

Fizeram isso uma, duas, três vezes. Até que chegaram a uma ideia que parecia viável financeiramente. Então investiram um bom tempo, mas, algum tempo depois, perceberam que por mais promissora que parecesse, seria legalmente complicada. Desistiram e começaram do zero.

Quando chegaram às discussões dos programas de pontos e de fidelidade, a empolgação foi às alturas. Os usuários desses programas pareciam insatisfeitos com as possibilidades de troca de pontos e com a expiração deles após algum tempo.

Por que não, em vez de pontos, recompensar os usuários com dinheiro? Dessa maneira eles poderiam comprar o que quisessem, e o valor nunca expiraria. Rapidamente os empreendedores perceberam que o modelo seria viabilizado de maneira mais fácil se oferecido no e-commerce. No mundo físico, teriam de conversar com grandes marcas, ter diversas reuniões com proprietários... seria tudo oneroso e difícil de sustentar.

Entre tantas pesquisas e tantos estudos, viram como o negócio estava sendo feito em países como Inglaterra e Estados Unidos. Os sites de cashback fechavam parcerias com lojas on-line e, toda vez que o usuário comprava em alguma dessas lojas, recebia de volta uma porcentagem do valor. Porém, Ofli e Israel decidiram ir além: mais do que uma solução de cashback, queriam também colocar comparadores de preço. Desse modo, o usuário poderia fazer tudo dentro de um só site, cortando qualquer tipo de intermediário entre a pesquisa do produto e a compra. O Buscapé já era um *player* consolidado no mercado como buscador de preço, mas como a ferramenta do Méliuz parecia mais completa, a sensação era de que a startup poderia, além de criar o mercado de cashback no Brasil, ganhar também o mercado de buscas, que nessa época já era relevante.

Para agilizar o processo, toda a infraestrutura técnica do site foi terceirizada. Depois de seis meses de muito trabalho e preparação em conjunto com a empresa contratada, o Méliuz estava pronto para ser lançado.

A expectativa era alta: em um só site, duas funcionalidades ajudariam o usuário a gastar menos dinheiro: 1) pesquisar o menor preço e 2) ganhar uma porcentagem de volta (cashback). Sabiam, é claro, que poderiam ter dificuldades no começo, mas o modelo de negócio fazia com que os olhos deles brilhassem.

Assim, em uma tarde de setembro de 2011, Israel e Ofli esfregaram as mãos, respiraram fundo e viram o Méliuz nascer.

Sonho que vira realidade

Trinta segundos ativo e o site parecia funcionar bem. Acompanhavam o tráfego subir em tempo real. A empolgação crescia e a emoção de ver aquele site, que há alguns meses não passava de uma ideia, no ar era indescritível.

Um minuto no ar. Mais e mais usuários chegavam e o tráfego subia. Os próximos minutos seriam de tensão. Mesmo estudando e se preparando tanto para aquele momento, não sabiam o que esperar. Os usuários estavam navegando bem? Gostavam da plataforma? Voltariam ali depois de algum tempo?

Essas perguntas tiveram suas respostas, mas não naquela hora. Com dois minutos, o site caiu. O tráfego era muito alto para a capacidade técnica. Quando voltou ao ar, perceberam que o usuário estava achando tudo muito complexo. Era necessário explicar cada movimento dentro do site. O conceito de cashback era novo e o buscador de preço aumentou a complexidade.

Essa história lembra alguns ensinamentos que tivemos na nossa jornada do Méliuz e que podem ajudar quem tem como principal objetivo criar um bom produto, seja de uma startup ou de uma empresa grande que quer lançar algo novo. Como empreender é estar pronto para se f*der o tempo todo, vamos relembrar nossos erros e você poderá usá-los para não cair nas mesmas ciladas.

Começar pequeno é esperto

O principal erro cometido é rotineiro para quem está começando um negócio: o famoso passo maior do que a perna. Ao pensar em um modelo de comparador de preços junto do cashback, aumentamos a complexidade de maneira considerável. Ali, o certo era fazer uma cópia do que estava sendo feito nos Estados Unidos e no Reino Unido, deixando o produto o mais simples possível para ser validado rapidamente. O que realizamos, no entanto, foi praticamente um Minimum Viable Product[13] ao contrário. Por isso, a lição nº 1 é: **simples é sempre melhor**.

Além disso, com um projeto tão grandioso, erramos ao terceirizar toda a tecnologia – afinal, era o *core* do negócio. Portanto, a lição nº 2 é: **não terceirize o *core***. O processo, além de demorado, foi árduo, já que a empresa contratada não compartilhava dos mesmos valores – ou seja: não sonhavam o sonho da mesma maneira que nós.

Ninguém começa gigante. Pensar pequeno não é deixar de ser ambicioso, é ser esperto. O crescimento pode vir aos poucos, depois de várias hipóteses testadas. É o jeito de gastar menos dinheiro até chegar a uma solução inteligente e que seja realmente útil ao seu público-alvo. Histórias para inspirar não faltam, veja empresas que começaram pequenas:

1. **Apple:** A mais famosa delas e talvez uma das empresas mais bem-avaliadas em 2020.[14] Tudo começou na famosa garagem de Steve Jobs,

---

13 O MVP, *Minimum Viable Product*, foi um conceito exposto no livro *A startup enxuta*, e trata-se de criar o produto mais simples e viável possível para se testar uma demanda junto aos clientes.

14 AS 10 marcas mais valiosas do mundo em 2020, segundo a Forbes. **Ibe Edu FGV**, 13 ago. 2020. Disponível em: https://www.ibe.edu.br/as-10-marcas-mais-valiosas-do-mundo-em-2020-segundo-a-forbes/. Acesso em: 30 nov. 2020.

SONHE GRANDE, MAS COMECE PEQUENO

em 1976. Ninguém tinha dinheiro, e Steve Wozniak, um dos fundadores, teve de vender sua calculadora HP para investir na empresa. Na época, doze pessoas chegaram a trabalhar de maneira simultânea dentro de uma garagem. Começaram pensando em um computador simples e, aos poucos, foram refinando seus produtos.

2. **Amazon:** Atualmente avaliada em 1,65 trilhões de dólares,[15] a ideia de Jeff Bezos no começo era simples: vender livros. Assim como a Apple, a Amazon também começou em uma garagem – onde Bezos guardava os livros que enviava aos compradores. Com o tempo, ele começou a escalar o negócio e entregar de tudo.

3. **Ben & Jerry's:** Os fundadores Ben Cohen e Jerry Greenfield abriram sua primeira sorveteria com um investimento de 12 mil dólares em 1978.[16] Ambos haviam feito um curso (a distância) sobre como criar o próprio sorvete. O faturamento da Ben & Jerry's ultrapassou 1 bilhão de dólares em 2015.

Todas essas empresas começaram pequenas e, por mais ambiciosas que fossem, não tinham ideia da proporção que tomariam. Foram escalando aos poucos, melhorando inicialmente os produtos e soluções que ofereciam para, então, pensar em sanar outras dores de seus clientes.

Com um negócio simples, será mais fácil corrigir as falhas que irão surgir no caminho. E também pode ser mais fácil de conseguir dinheiro. Para possíveis investidores: uma ideia simples e barata pode impressionar muito mais do que aquela complexa que quebra barreiras e revoluciona mercados – a tal ideia disruptiva.

---

15 PEZZOTTI, R. Amazon é a marca mais valiosa do mundo; Microsoft passa Google em ranking. **Economia UOL**, São Paulo, 30 jun. 2020. Disponível em: https://economia.uol.com.br/noticias/redacao/2020/06/30/amazon-e-a-marca-mais-valiosa-do-mundo-microsoft-passa-google-em-lista.htm#:~:text=A%20Amazon%20continua%20como%20a,US%24%20415%2C9%20bilh%C3%B5es. Acesso em: 30 nov. 2020.

16 NOSSA história. **Ben & Jerry's.** Disponível em: https://www.benandjerry.com.br/quem-somos. Acesso em: 30 nov. 2020.

UMA IDEIA SIMPLES E BARATA PODE IMPRESSIONAR MUITO MAIS DO QUE AQUELA COMPLEXA QUE QUEBRA BARREIRAS E REVOLUCIONA MERCADOS.

SONHE GRANDE, MAS COMECE PEQUENO

Reter é mais importante do que atrair

Quando o empreendedor lança um site ou produto, a maior preocupação é ver o negócio crescer. Quando lançamos o Méliuz foi igual por isso, já no começo, investimos muito em divulgação. Porém, os primeiros usuários que chegavam no nosso site achavam-no complexo, ruim, e não voltavam. Resultado? Era muito custoso trazer novos clientes.

Retenção é importante para qualquer negócio. Como exemplo, pense em um empreendedor que abre um restaurante: de nada vai adiantar que o começo do empreendimento traga um número alto de clientes na primeira semana se eles ficarem insatisfeitos com algo e não retornarem ao estabelecimento – fazendo com que o faturamento do local sempre dependa de novos clientes, e não de frequentadores assíduos. O motivo é simples: eventualmente o número de possíveis novos visitantes irá acabar e o negócio vai quebrar. Se a clientela é conquistada, porém, e costuma retornar para o restaurante, a receita está garantida no longo prazo.

Caso contrário, você terá o ruim e velho balde furado. Você coloca água, mas ela vaza. Você coloca mais, mas ela continua vazando. Como no balde, com uma empresa repleta de furos, você gasta mais e mais dinheiro e não foca na solução do problema do seu negócio – apenas querendo trazer mais e mais gente, que vai deixar de ir ao seu restaurante, desinstalar o seu aplicativo ou nunca mais entrar no seu site. Por isso, gastar com marketing no início pode não ser a melhor ideia. Procure saber o que os primeiros usuários acharam do seu negócio. Faça pesquisas, ligue e converse com quem já usou e tente entender por que uma parte dos clientes não voltou a usar seu produto. Com esses feedbacks iniciais, você poderá corrigir os erros e melhorar a sua ideia, e após novas rodadas de feedback, terá a tranquilidade (ou não) de que ele está pronto para ser divulgado ao mercado.

A expectativa de empreender

Sempre que conversamos com quem quer empreender, contamos, além da nossa história, um pouco sobre como surgiu o Airbnb. No dia 22 de setembro de 2007, Joe Gebbia, um dos fundadores da plataforma, escreveu um e-mail para o seu colega de quarto, Brian Chesky. O conteúdo dizia:[17]

"Brian,
Pensei em um jeito de arranjarmos uma grana extra: transformar a nossa casa em um *bed and breakfast para designers*', oferecendo para jovens designers que vem para a cidade um lugar pra ficar durante o evento de quatro dias, com internet wireless, um espaço com mesa, colchão para dormir e café da manhã todos os dias. Há!
Ass.: Joe"

Deste modo, criaram um site simples, chamado Airbed & Breakfast. Compraram três colchões de ar e colocaram no apartamento. Logo tiveram os primeiros hóspedes: dois homens e uma mulher e cada um pagou 80 dólares pela hospedagem.

Procure por outras histórias. Não importa o tamanho da empresa hoje, elas irão se repetir. Os primeiros anos são difíceis; é uma constante busca pela sobrevivência e muitos ficam pelo caminho.

No Méliuz, não foi diferente. Depois que o site caiu, Israel e Ofli foram, aos poucos, percebendo todos os problemas que existiam dentro do negócio. Promoveram melhorias, tiraram a funcionalidade de comparadores de preço e, bem, continuaram com problemas. Foram quase dois anos das tais vacas magras até que as coisas começassem a melhorar.

---

17 O e-mail pode ser encontrado na íntegra no link https://www.businessinsider.com/email-that-launched-airbnb-2016-2 (acesso em 5 mar. 2021) e o conteúdo está em tradução livre neste livro. (N. E.)

SONHE GRANDE, MAS COMECE PEQUENO

A cautela é a mesma para novos produtos em empresas consolidadas

Muitas vezes uma empresa está indo bem. Já são alguns anos na estrada, a solução foi testada, escalada e tudo parece caminhar num ritmo bom. Chega a hora de pensar em um produto novo, que pode expandir os negócios ainda mais. Os líderes, então, investem de maneira desproporcional nessa nova iniciativa. Como já entendem a empresa como um negócio consolidado, acreditam que podem pular as etapas e já lançar essa nova solução de maneira grandiosa.

Soou familiar? Foi exatamente o que fizemos no Projeto Guerra, lá do primeiro capítulo do livro. Investimos um volume de recursos e tempo desproporcional em um produto novo, tentamos começar gigantes e estressamos todos os funcionários do Méliuz com metas absurdas. Em resumo, foi o oposto do que deveríamos ter feito. O novo produto precisa ser pensado como a startup que lança o seu negócio pela primeira vez: começar pequeno, testar, trazer melhorias e, só depois de um tempo, escalar.

E vamos mais longe: isso aconteceu dentro do Méliuz, mas pode rolar em empresas de diferentes tamanhos. Certa vez, fomos chamados para dar uma palestra sobre inovação em uma empresa já consolidada no mercado. Eles mencionaram que haviam criado uma máquina com a mesma mecânica daquelas que produzem café na hora, mas para fazer refrigerante. Haviam construído uma fábrica gigante para produzir a máquina e as cápsulas. Porém, ao lançarem no mercado, a demanda foi muito baixa, mesmo com altos investimentos em marketing. O Lucas, então, questionou se eles haviam testado o conceito e o preço da máquina antes de construírem a fábrica. Eles ficaram sem entender como esse teste seria possível. Lucas explicou: "Primeiro eu criaria um site para 'vender' a máquina, colocaria uma foto de como ela seria, o preço e as especificações. Depois, faria várias divulgações usando Facebook e Google Ads. Esperaria para ver se, com aquele preço, algum usuário iria clicar no botão comprar. Se alguém fizesse isso, apareceria a mensagem 'desculpe, estamos sem esse produto no estoque'. Agora, se poucas pessoas ou ninguém clicasse em comprar, provavelmente eu não construiria uma fábrica gigante para essa máquina, ou até desistiria do projeto como um todo". Quando o Lucas terminou de falar, os funcionários da empresa ficaram em estado de choque. Perceberam que poderiam ter evitado um prejuízo enorme para empresa se tivessem feito esse teste antes da construção da fábrica.

Hoje, no Méliuz, temos uma política simples e funcional: sempre que queremos lançar um produto novo, começamos pequeno e gastando o menor valor de recursos que conseguimos. Em 2018, começamos a estudar o mercado de cartões de crédito para lançar o nosso. Passamos um tempo estruturando: em vez de internalizar tudo, fizemos uma parceria com um banco, lançamos só para os nossos funcionários e colocamos apenas uma pessoa cuidando disso na empresa. Percebemos a quantidade de problemas que existiam, corrigimos e depois só lançamos para mil clientes do Méliuz. Em seguida, aumentamos para duas pessoas o time que gerenciava a operação do cartão. Pouco mais de um ano depois, já tínhamos um negócio rentável e exponencial, mas os custos continuaram baixos e controlados.

As consequências de negligenciar o seu produto principal para priorizar recursos e equipe para uma nova solução são várias. No caso do Projeto Guerra, para nós foi ainda pior. Com toda a equipe deslocada para ganhar dos Smurfs, ficamos desleixados com muitas das coisas que importavam. Com o tempo, passamos a perder relevância dentro do Google para buscas relacionadas à cashback. Enquanto concorrentes investiram em ferramentas que otimizassem os mecanismos de busca, estratégia também conhecida como SEO, estávamos preocupados em destroçar os Smurfs a todo custo. Perdemos tráfego e demorou para conseguirmos recuperá-lo.

Assim, a lição que fica disso é que, quando tudo é feito de maneira acelerada demais e com apostas sem planejamento, o preço do erro é muito mais elevado. Por isso, você pode aproveitar todos esses exemplos para não cometer as mesmas mancadas que nós.

Comece pequeno, teste o produto mínimo viável, crie um planejamento, cuide da retenção de clientes e jamais deixe de lado seu produto principal para fazer um lançamento.

QUANDO TUDO É FEITO DE MANEIRA ACELERADA DEMAIS E COM APOSTAS SEM PLANEJAMENTO, O PREÇO DO ERRO É MUITO MAIS ELEVADO.

// CAPÍTULO

ADMITA QUE VOCÊ É UM M*RDA!

A SAGA DO VISTO — 101
ADMITA QUE VOCÊ SABE MUITO POUCO — 105
VOCÊ NÃO PRECISA GASTAR PARA APRENDER — 107
FIQUE DE OLHO NA CONCORRÊNCIA — 109
APRENDA COM UMA REDE DE EMPREENDEDORES — 110

Era junho de 2012 e o Méliuz passava por maus bocados. A empresa não crescia e o caixa estava queimando rápido. Era difícil para a gente entender por que sites estrangeiros do mesmo nicho davam tão certo, mas nossa startup não estava evoluindo.

Sabíamos que aquele era um momento decisivo para a empresa e Israel tomou uma decisão: procuraria ajuda de pessoas relevantes no mercado de cashback do Reino Unido e dos Estados Unidos.

A maneira que encontrou para contatar essas pessoas foi pelo LinkedIn. Achou, então, o perfil de Paul Nikkel, cofundador do Quidco, maior site de cashback do Reino Unido, e enviou uma mensagem simples e direta, recebendo uma devolutiva logo em seguida:

LinkedIn

De: Israel Salmen
Para: Paul Nikkel

Olá, Paul.
Eu sou o fundador do Méliuz, primeiro site de cashback brasileiro.
Gosto muito do Quidco e seria um prazer poder me encontrar com vocês algum dia.
Saudações.

--

De: Paul Nikkel
Para: Israel Salmen

Oi, Israel.
Muito bom estar em contato com você. O site do Méliuz está bem legal!
Eu estava no Rio de Janeiro este ano verificando o mercado e com certeza voltarei ao Brasil ainda este ano ou no próximo. Se decidir visitar a Europa, me mande uma mensagem. Como está o mercado brasileiro no segmento de cashback? Minha sensação é de que ainda vai demorar uns dois anos para bombar.

Obrigado,
Paul.

LinkedIn Convites
• Visualizar convite original
• Responder a Paul Nikkel

Em sua mensagem, Israel optou por ser humilde – e talvez por isso tenha recebido uma resposta tão receptiva. Paul não só topou bater um papo como enviou uma passagem e bancou a hospedagem de Israel para que ele fosse até a Europa conhecer todo o negócio quando as agendas se encaixaram, em junho de 2013. Israel ficou duas semanas por lá: uma no Reino Unido, em que pode conhecer todo o funcionamento do site, e outra na Alemanha, onde Paul também tinha um negócio. Fez as malas, cruzou o Atlântico e fez uma mentoria de quinze dias que não poderia ter encontrado em nenhum outro lugar do mundo. A receptividade de Paul e de toda equipe do Quidco foi um marco na história do Méliuz.

Durante o período que passou viajando, Israel pôde conversar com pessoas que entendiam do mercado, ou seja, que tinham técnicas e recursos para errar menos. Conversou com o time de tecnologia, trocou ideias com a diretoria do Quidco, fez reuniões com o time de marketing. Foi praticamente um MBA em que aprendeu com todos os setores.

O relacionamento criado é cultivado até hoje. Paul continua ajudando o Méliuz, que, algumas vezes, consegue ajudá-lo também.

A saga do visto

Israel também contatou outro site de cashback: o Ebates, maior site desse ramo dos EUA naquela época. O contato era Ken Hirschman, que também foi muito receptivo e convidou Israel e Ofli para conhecerem a operação da empresa no país.

Só existia um problema nisso tudo: a saga pelo visto norte-americano.

Quem já tirou o visto para os Estados Unidos sabe do que estamos falando. No Rio de Janeiro, Ofli e Israel encontraram aquela fila interminável. Mais de uma hora de espera depois, Ofli estava resolvido: visto aprovado.

Chegou a vez da entrevista de Israel para aprovação do visto, mas ele nasceu em Governador Valadares, uma cidade com fama de, na época, enviar imigrantes ilegais para os EUA. A atendente era uma senhora de cabelos muito brancos, que Israel nunca esqueceu. Uma figura aparentemente simpática que começou a pedir documentos – um, dois, três... – e tudo aquilo parecia estranho demais. Ao fim da entrevista, ela pegou o passaporte, dobrou um papel e colocou dentro. As palavras que saíram da boca dela ecoaram na cabeça dele: "Não foi dessa vez".

Parecia piada.

A frustração tomou conta de ambos, mas o ímpeto de resolver aquilo era ainda maior. Israel ligou para a agência que estava ajudando no processo do visto e marcou outra entrevista, dessa vez em Brasília.

Por lá, percebeu que passaria pela mesma demora e tensão. Na hora que o chamaram, ouviu algo diferente da primeira vez: "O que faz você pensar que depois de uma semana do seu visto ter sido negado você vai conseguir tirar agora?".

A pergunta dilacerou Israel, que não demorou para rebater: "Eu não consigo entender. Eu tenho os mesmos bens do meu sócio. A renda é a mesma. Não entendi por que ele pode ir e eu não".

O atendente pediu que ele esperasse um pouco, disse que em breve o chamaria. Esperou mais de uma hora com um turbilhão de pensamentos: e se não fosse aprovado de novo? E se não pudesse ir a essa reunião que poderia mudar os rumos do Méliuz?

Então, o atendente voltou e reafirmou que não seria possível aprovar o visto. O que era apenas frustração da parte de Israel logo se transformou em indignação: "Não é possível que isso esteja acontecendo. Recebi um convite da maior empresa do setor com o qual trabalhamos. Tenho investidor para prestar contas. Não quero morar nos Estados Unidos. Eu preciso ir apenas para uma reunião".

E o atendente respondeu: "Você tem o contato dessa empresa com quem irá se reunir? Consegue me enviar uma carta carimbada dessa reunião para a qual te chamaram, com todos os detalhes dela?".

Israel não hesitou em dizer que sim. Deixou, então, o passaporte lá sem o visto aprovado (algo inédito) e correu atrás de todos os documentos. Em dois dias, já tinha a carta, que enviou por e-mail para o pessoal do consulado dos Estados Unidos em Brasília. Dias depois recebeu um e-mail alertando que o visto havia sido aprovado. Salvos pelo gongo! O passaporte foi retirado com o visto em setembro de 2012 e, no mês seguinte, ambos embarcaram para a reunião com os estadunidenses.

Se não fosse pela ajuda de Ken, ele não teria conseguido comparecer à reunião e conhecer a operação do Ebates. Desde então, o empreendedor virou um "paizão" para o Méliuz. Ofli e Israel já visitaram a sede da empresa várias vezes – Ken não trabalha mais lá, mas até hoje os ajuda. Vez ou outra serve de consultor e nos diz se o Méliuz está no caminho certo.

Essas histórias (e várias outras) trouxeram alguns ensinamentos importantes sobre pedir ajuda – e, acredite, você vai precisar disso:

1. **Não tenha medo de pedir ajuda** – Isso mesmo. Israel foi cara de pau e, sem pensar duas vezes, mandou mensagens pelo LinkedIn para empreendedores que ele sequer conhecia. Você não é um super-herói que irá conseguir tudo sozinho, e pode ter certeza de que existem pessoas mais experientes e que passaram por problemas similares aos seus.
2. **Não hesite em compartilhar sua ideia com várias pessoas** – "Mas e se alguém roubar a minha ideia?" Bom, se alguém pegar a sua ideia de negócio, executá-la bem e fizer sucesso, foi mais inteligente e rápido do que você. Existem muitas pessoas com ideias similares ou iguais às

suas, mas o diferencial mesmo é quem executa. Compartilhar é ter a certeza de que você terá a oportunidade de ter toda a ajuda possível.
3. **Só peça ajuda se estiver disposto a aprender** – Não adianta nada conseguir bons mentores se você não for capaz de escutar e aprender. Muitas coisas que aprendemos com o Ebates e o Quidco iam na direção oposta ao que acreditávamos ser o certo. Tivemos a humildade de reconhecer que estávamos errando e ajustamos a rota.

Quer saber o que acontece quando não se pede ajuda? Basta voltar ao Projeto Guerra: ali nos sentíamos como donos do mundo e não precisávamos da ajuda de ninguém. Faltou irmos atrás de referências do mercado e aprendemos essa lição da pior maneira possível. Queríamos tanto lutar aquela guerra que não investimos tempo aprendendo com quem já conhecia aquele mercado.

Parte do que aconteceu se deve ao nosso excelente ano de 2016, quando recebemos o prêmio Startup Awards na CASE. Tudo parecia dar certo e sentíamos que estávamos no topo do mundo. Aqui vale uma analogia com o basquete: quando um jogador faz várias cestas seguidas, é comum dizer que ele está com uma "mão quente". Ele continua a arremessar sem parar, pois sente que sempre vai marcar. Só que, em algum momento, ele erra. Não existe mão quente no empreendedorismo: se a arrogância falar mais alto, o tombo é certo.

Naquela época, não tivemos nenhuma mentoria de alguém que tivesse experiência no segmento de adquirentes (que são os credenciadores, responsáveis pelo processamento das operações de cartão de crédito e débito) e subadquirentes (as empresas facilitadoras que dispensam a filiação a um banco ou adquirente para receber pagamentos). Pior ainda: algumas pessoas até nos alertaram sobre algumas dificuldades, mas escolhemos ignorar. Estávamos totalmente cegos. É muito importante ter alguém para ouvir o que você tem em mente, alguém para falar a real e, principalmente, é preciso que você esteja disposto a aprender.

NÃO EXISTE MÃO QUENTE NO EMPREENDEDORISMO: SE A ARROGÂNCIA FALAR MAIS ALTO, O TOMBO É CERTO.

Admita que você sabe muito pouco

Sim, admita que você é um m*rda. Sério, isso é importante. Nós já admitimos várias e várias vezes e isso é essencial se você pretende fazer a sua empresa escalar e deseja que a sua vida pessoal decole. Quando você receber mentoria de alguém, é provável que receba críticas – e muitas. Quer uma dica? Parta do pressuposto de que você não sabe de nada e de que todas aquelas críticas são verdadeiras e devem ser corrigidas em prol do sucesso do seu negócio ou da sua vida.

Faz parte do estilo empreendedor defender seu negócio com unhas e dentes, afinal, se a sociedade é o casamento, a empresa é o filho. Quando alguém fala que estamos fazendo alguma besteira, é como se estivesse tentando nos ensinar como criar esse filho. E isso pode doer.

Acontece muito de alguém pedir uma mentoria para nós e sermos sinceros demais, falando de todos os desafios que terá. O empreendedor logo rebate, diz que com ele será diferente, que aquilo que falamos não se aplica ao negócio dele. Logo, a mentoria não serviu de nada, só para ele defender a ideia para quem queria ajudá-lo.

Erramos feio no Projeto Guerra, mas, tirando esse momento, sempre tentamos ouvir as pessoas certas antes de tomar decisões. E quanto mais "porrada" recebíamos em sessões de mentoria, mais valioso era. Afinal, do ponto de vista do mentor, é mais fácil falar o que o empreendedor quer ouvir. É fácil elogiar e dizer que o negócio está incrível. Agora, fazer críticas duras, por outro lado, requer sair da zona de conforto, olhar nos olhos e dizer a última coisa que aquele profissional queria escutar. Você tem ou já teve um mentor que lhe dá porrada? Seja grato.

Existe uma figura na trajetória do Méliuz que é impossível não lembrar quando pensamos em histórias de mentoria. Martín Escobari é um boliviano formado em Harvard e hoje presidente do Comitê Global da General Atlantic, um dos mais famosos e renomados fundos de investimento do mundo. Fez diversos negócios bem-sucedidos e teve como principal destaque o investimento que fez na XP Investimentos.

Martín é muito respeitado no Brasil e conhecido por ser extremamente transparente. Nossa primeira interação com ele foi em uma mentoria em fevereiro de 2016, pouco antes de irmos ao painel de Dubai para a seleção Endeavor. Martín escutou sobre o nosso negócio e fez perguntas muito boas e duras. Não tínhamos respostas adequadas para a maioria delas.

Foi uma porrada muito elegante e para nós ficou claro que precisávamos melhorar muito em termos de acompanhamento de métricas de negócio. Éramos juniores no que estávamos fazendo, mesmo em 2016, já com cinco anos de empresa e bem consolidados no mercado. Ele disse com todas as palavras que não havia a menor chance de a General Atlantic investir no Méliuz naquele momento.

Bem aproveitadas, as mentorias podem mudar a história de uma empresa – e uma boa mentoria se baseia em conversar com as pessoas certas e saber extrair o melhor daquilo. Como já falamos, parta do pressuposto de que o mentor está falando só verdades. Depois do papo, retorne para a sua empresa, reflita e provavelmente verá que quase tudo o que você escutou realmente faz sentido.

ADMITA QUE VOCÊ É UM M*RDA!

Você não precisa gastar para aprender

Quando começamos o Méliuz, em 2011, havia pouco conteúdo de qualidade na internet, principalmente em português, para quem quisesse começar e criar uma startup de sucesso. Porém, desde então, isso mudou radicalmente. A quantidade de conteúdo gratuito e de qualidade na internet é absurda, e ninguém mais é obrigado a pagar um MBA se tiver disposição para estudar por conta própria.

Sempre que temos um problema ou quando simplesmente queremos melhorar em algo, procuramos por conteúdo on-line gratuito.

Um dos cursos que nos ajudou a nortear o negócio foi o do Y Combinator, maior aceleradora de startups do mundo, em parceria com a universidade de Stanford. São vinte aulas focadas em tudo o que uma startup precisa para crescer, e elas são ministradas por fundadores do PayPal, Airbnb e outros *players* gigantes do mercado. O QR Code a seguir vai levar você para esse conteúdo essencial para novos empreendedores:

ACESSAR O CONTEÚDO É FÁCIL!
BASTA APONTAR A CÂMERA
DO SEU CELULAR PARA O
QR CODE AO LADO.

Saiba procurar o conteúdo certo para a sua empresa: uma boa maneira de descobrir se aquilo pode ser útil para você e sua equipe é ver o que a pessoa que ministra o curso já realizou. É importante, afinal de contas, não só saber do que se está falando, mas também ter colocado aquilo em prática com sucesso. Assim, antes de comprar um curso, pesquise a fundo quem está por trás daquele conteúdo. É comum ver "professores" de empreendedorismo que nunca criaram uma empresa de verdade, ou gurus de marketing que nunca ajudaram uma empresa a escalar sua base de clientes. Fuja desses picaretas.

Mais importante do que aproveitar o conteúdo é transformá-lo em tarefas práticas: no curso de *growth* da Y Combinator, por exemplo, fala-se sobre a necessidade de medir e melhorar a retenção. Assim que terminamos o curso, já preparamos medições e incluímos metas de retenção para toda a equipe.

ADMITA QUE VOCÊ É UM M*RDA!

Fique de olho na concorrência

É importante ficar de olho no que os seus concorrentes estão fazendo. Não para copiar, mas para entender todo o contexto do segmento em que você está. No Méliuz, não apenas analisamos concorrentes diretos, mas *players* que estão em mercados similares e que vão dar boas ideias para aplicar em nosso negócio.

Sempre saiba, na ponta da língua, quais são os seus concorrentes diretos e indiretos e entenda quais são os tipos de ação aplicáveis ao seu negócio.

Apenas um ponto de atenção aqui: aprender com concorrentes não significa copiar todos os movimentos deles Isso só faria sua empresa ser medíocre e estar sempre um passo atrás. E, mais importante ainda, jamais fique obcecado por eles assim como ficamos com os Smurfs no Projeto Guerra. A maior parte da sua energia sempre deve estar focada no seu time, clientes e parceiros, jamais nos concorrentes.

EMPREENDER: A ARTE DE SE F*DER TODOS OS DIAS E NÃO DESISTIR

Aprenda com uma rede de empreendedores

Nós sempre utilizamos a rede de empreendedores da Endeavor. Foi uma das nossas maiores fontes de conhecimento e nos ajudou muito durante a trajetória. É uma troca constante – já demos mentoria para pessoas que, depois de algum tempo, nos deram mentoria.

Aliás, somos muito gratos a todas as mentorias e os papos que tivemos graças à Endeavor. Entre as pessoas com quem pudemos aprender muito, estão Marcos Galperin e Stelleo Tolda, CEO e fundador do Mercado Livre e COO do Mercado Livre, respectivamente; Laércio Cosentino, fundador da Totvs; Martín Migoya, fundador da Globant; Romeu Zema, atual governador de Minas Gerais e, na época, CEO do Grupo Zema; Mate Pencz e Florian Hagenbuch, sócios-fundadores da Printi, Canary e Loft – que depois se tornaram nossos investidores-anjo.

Em Belo Horizonte, fazemos parte de uma rede de empreendedores chamada San Pedro Valley. Sempre compartilhamos desafios e aprendizados e, com isso, crescemos juntos.

Seja pela Endeavor, por algum programa de aceleração ou por outra rede de empreendedores, é importante trocar muitas informações com empresas, iniciantes ou experientes. Você poderá aprender um pouco de tudo com especialistas de suas respectivas áreas e vai poder passar uma parte do próprio conhecimento. Participar de uma rede é essencial para aprender e melhorar a qualidade da sua solução ou do seu produto.

Se você se assustou com o título do capítulo, fique tranquilo: você nunca deixará de ser um m*rda, assim como a gente também não. A ideia é entender a importância de ter essa humildade e estar aberto a críticas e sugestões de pessoas tão bem-sucedidas como as que citamos e de pessoas de outros mercados.

Além de, como dissemos, acessar aprendizados que a internet disponibiliza gratuitamente. Ter consciência de que não tínhamos todas as respostas e nem sempre estávamos prontos foi essencial para que pudéssemos escalar e fazer o nosso negócio crescer.

// **CAPÍTULO**

VOCÊ ESTÁ CORRENDO CONTRA A MORTE

SOBREVIVENDO COM POUCOS RECURSOS	117
EM CONSTANTE PERIGO: COMO SOBREVIVER NOS TRÊS PRIMEIROS ANOS?	119
A RETOMADA E A RESOLUÇÃO DO PROJETO GUERRA	122
EM CONSTANTE ALERTA: COMO SOBREVIVER A LONGO PRAZO?	126
E OS SMURFS?	127

A primeira vez que Israel e Ofli estiveram em contato com uma rede de empreendedorismo foi em Belo Horizonte, em 2012. Na época, foram a um evento do San Pedro Valley, onde o Mateus e o Gabriel Lana apresentaram o programa Start-Up Chile para que outros empreendedores, assim como eles, também pudessem se aproveitar da iniciativa.

Foi um empurrão para que os futuros fundadores do Méliuz tentassem se inscrever naquele programa de aceleração de startups criado pelo governo chileno, cujo objetivo é investir em inovações locais e internacionais para transformar a economia e o ecossistema empreendedor. As startups selecionadas recebiam aproximadamente 80 mil reais de investimento, e os empreendedores deveriam viver no Chile durante seis meses. Além disso, passariam a trabalhar no coworking do programa com os demais empreendedores selecionados. E um dos melhores atrativos: apesar do programa investir nas startups, não ficava com nenhuma ação delas. Chamamos esse tipo de modalidade de investimento de *equity free*.

Quando ficaram sabendo de todos os benefícios em participar do programa, seus olhos brilharam na mesma hora. O evento abria inscrições a cada seis meses. Confiantes, fizeram a aplicação e aguardaram. Mas não foram selecionados: faltou sabedoria para apresentar a empresa da melhor maneira.

Nessa primeira aplicação, o Méliuz ainda tinha caixa para queimar, isso é, apesar dos custos serem maiores do que as receitas nessa época, ainda havia dinheiro para bancar a diferença. Mas, para uma jovem startup, o tempo passa diferente – e o dinheiro pode acabar de uma maneira avassaladora. Quando foram fazer a aplicação pela segunda vez, colocaram na ponta do lápis toda a vida financeira da empresa e, se não recebessem o investimento do Start-Up Chile ou de algum outro investidor, o Méliuz iria quebrar em menos de dois meses. Simples assim.

A segunda aplicação para o Start-Up Chile, então, foi rodeada de expectativa. Não apenas por ser uma oportunidade incrível, mas também porque, naquele momento, era a única opção. Uma reprovação poderia significar a falência da empresa. Consequentemente, a aprovação gerou mais alívio do que euforia.

O ano era 2012, e Ofli e Israel arrumaram as malas e se mudaram para Santiago para participar do programa junto de outros trezentos empreendedores do mundo inteiro. O coworking do Start-Up Chile era um lugar em que o empreendedorismo pulsava em uma troca valiosa e inédita para o Méliuz. A animação estava lá em cima – era um país diferente e promissor para que pudessem extrair o máximo da experiência.

Mas a montanha-russa do empreendedorismo é implacável. A animação de chegar em um novo local que transpirava inovação estava misturada com apreensão. Afinal, apesar da aprovação no programa, o esquema de investimentos era diferente: a startup gastava os recursos com contratação de time, marketing etc., e só depois era reembolsada com os comprovantes de despesa desses itens. E era um processo burocrático para receber. Como comentamos, os recursos que o Méliuz possuía estavam acabando e, com a burocracia, o dinheiro demorou para entrar em caixa. Em um determinado momento, Israel e Ofli falaram para a pessoa responsável pelo reembolso que, se o depósito não fosse realizado até o final do dia, seria necessário jantar na casa dela, pois não havia mais dinheiro para as refeições. E não era blefe: os recursos realmente haviam se esgotado. Por "sorte", porém, a transferência foi feita naquele mesmo dia.

Apesar desse perrengue, o Start-Up Chile foi fundamental para a recuperação do Méliuz, não só pelo dinheiro, mas principalmente por todo o aprendizado gerado pela convivência com empreendedores do mundo inteiro.

Sobrevivendo com poucos recursos

Ao se mudarem para o Chile, Israel e Ofli acabaram abrindo mão do escritório no Brasil para economizar. Depois que o período de seis meses no programa acabou e eles voltaram ao Brasil, estavam sem lugar para trabalhar. A solução encontrada faz parte do guia não escrito das startups sem muita grana: escolher a casa de alguém como local de trabalho. Não foi uma garagem, como na Apple, mas o apartamento do Leandro Alves que, naquela época, era CTO e sócio da empresa.

O trabalho era daquele jeito que você pode imaginar: cotovelo com cotovelo, espaço apertado, muito calor e pouca privacidade. Embora nada confortáveis, os meses foram extremamente produtivos. Tudo era uma maravilha e ninguém reclamava por estar naquela situação. Não havia tempo ruim: a empolgação e a vontade de fazer o negócio decolar sempre falavam mais alto. Foi o bom senso que entrou em cena para mudar aquela situação.

Depois de algum tempo, tomaram a decisão de alugar um imóvel para que o Leandro pudesse ficar mais confortável em sua casa. Um ato necessário, é claro, que resultou no aluguel de um apartamento antigo em que haveria mais espaço para que a empresa pudesse crescer e se desenvolver.

O apartamento era do avô do Ofli, que alugou para o Méliuz por apenas 400 reais por mês. Israel, então, decidiu morar nesse apartamento para economizar – ele ficava em um quarto, enquanto os outros dois e a sala eram usados como local de trabalho.

A empresa, no entanto, começou a crescer – e mais gente no apartamento significava cada vez menos privacidade para o Israel. Toda vez que acordava, não podia pensar em ir tomar um café de pijama. Precisava levantar, arrumar-se dentro do quarto, tomar banho e só então sair, pois logo cedo já havia funcionários no local.

Com quinze pessoas ali, até as marmitas de Israel começaram a ficar famosas para todos da empresa. O cheiro que o quase diário frango grelhado exalava evidenciava que o metro quadrado não comportava uma equipe grande e um morador fixo – aliás, algumas pessoas da equipe não conseguem comer frango até hoje.

Depois de três anos, apartamentos apertados, moradia temporária e muito frango, em 2014 o Méliuz conseguiu alugar um novo espaço que era realmente uma sede.

VOCÊ ESTÁ CORRENDO CONTRA A MORTE

Em constante perigo: como sobreviver nos três primeiros anos?

Com muita convicção podemos dizer que os três primeiros anos de uma empresa são de perigo. Cada dia sem ver o negócio falir é uma pequena conquista. Algumas das situações pelas quais passamos em nossos primeiros anos nos indicaram o caminho a ser seguido e queremos compartilhar com você:

A luta dos primeiros anos

Já falamos aqui sobre como, principalmente entre os empreendedores de primeira jornada, é comum achar que o negócio vai decolar rápido. Olhando para os dados, a história é outra: 74% das startups brasileiras fecham em até cinco anos, segundo estudo da aceleradora Startup Farm.[18] A dificuldade é imensa e é necessário dosar expectativas em relação ao negócio. Entender que os primeiros anos são uma luta diária é essencial para a vida da startup a médio e longo prazo. Preparar-se para um longo período de vacas magras inclui também ter uma reserva de dinheiro para conseguir manter-se sem salário por esse tempo todo.

1. **Empresas fecham porque não têm dinheiro para seguir**: Gastar pouco é peça-chave para uma startup que pensa em passar da barreira dos cinco anos. Em um período em que a sobrevivência depende dos recursos, evitar onerar a empresa de maneira desnecessária pode salvar a vida de

---

18 PESQUISA da Startup Farm revela a mortalidade das startups brasileiras. **Startup Farm**, São Paulo, 12 jul. 2016. Disponível em: https://startup.farm/blog/pesquisa-da-startup-farm-revela-a--mortalidade-das-startups-brasileiras/. Acesso em: 3 dez. 2020.

quem está começando. Como já falamos no capítulo sobre MVP: começar pequeno é para os espertos.
2. **Você vai precisar sacrificar muitos aspectos da sua vida**: Além de gerir uma empresa, um ser humano precisa cuidar da saúde, ter relacionamentos amorosos, vida social, encontrar a família e relaxar. Porém, principalmente nesse começo, muitos sacrifícios precisam ser feitos, assim como quando Israel precisou morar no apartamento em que o Méliuz funcionava e não tinha nenhum tipo de privacidade.
3. **O começo é muito difícil e pequenas vitórias podem trazer um momento de felicidade**: Mas cuidado para não procurar alívio em outros tipos de reconhecimento, como ganhar prêmios (principalmente os que não envolvem dinheiro) ou sair em reportagens em veículos renomados. Se não existe receita, clientes e retenção, esse reconhecimento externo beira o inútil e, mais do que isso, pode iludir o empreendedor. É legal ganhar prêmios e ser reconhecido, porém é ainda mais legal reter clientes e ver o faturamento crescer.

Tombos acontecem sempre

Em 2015 o Méliuz estava crescendo bem e estávamos gerando caixa, isso é, nossas receitas já eram maiores do que nossos custos. Contratamos mais pessoas talentosas para o time e o planejamento era de crescer ainda mais. Tudo indicava que havíamos cruzado o vale da morte – nome dado aos três primeiros anos de vida de uma startup nos quais é muito comum que elas quebrem e deixem de existir.

A vida do empreendedor, no entanto, é cheia de surpresas e bombas que surgem do nada. Foi o que aconteceu em 2015, quando nosso maior parceiro resolveu, de maneira unilateral, atrasar os nossos pagamentos.

Estávamos contratando, crescendo, com a expectativa de um ano ótimo e, do nada, só existia mais um mês e meio de caixa. Não estávamos preparados para um atraso tão significativo. Foi desesperador e nos sentimos à beira do abismo, ficando mais uma vez de frente com a morte da empresa.

Começamos a cortar todos os custos possíveis, congelar contratações e pensar em formas de manter a empresa de pé. Os sócios, além de abrirem mão do salário, resolveram colocar suas economias pessoais na empresa, e a mãe de um deles foi quem mais ajudou. Até o Lucas, que tinha acabado de virar sócio na empresa e estava guardando um dinheiro para comprar seu primeiro carro, teve de adiar a compra para ajudar o Méliuz a sobreviver.

É importante o empreendedor entender que, por mais sólida que sua empresa seja, ela sempre corre riscos – e se no caso do parceiro que atrasou o pagamento nós ficamos à beira do abismo, no Projeto Guerra nós mesmos pulamos nele.

EMPREENDER: A ARTE DE SE F*DER TODOS OS DIAS E NÃO DESISTIR

A retomada e a resolução do Projeto Guerra

Lá no **Capítulo 1** trouxemos para você, leitor, a contextualização do que aconteceu em 2017 no Projeto Guerra. E você deve se lembrar bem: colocamos tudo em risco ao esquecer todos os valores da empresa e, momentaneamente, jogar fora tudo o que sabíamos sobre empreender. Mas desde então não falamos sobre quais foram os desdobramentos dessa crise e o que foi necessário fazer para sair dela. Pois agora chegou o momento!

Relembrando: quando estávamos no auge do Projeto Guerra, descobrimos que nosso parceiro das maquininhas de cartão era um vigarista – deu calote no Méliuz, nos estabelecimentos e, se bobear, deu calote até em você, que está lendo este livro. Pior ainda: ele não estava pagando as rescisões para os funcionários demitidos. Era m*rda para todos os lados e não tínhamos ideia de como poderíamos resolver.

Assim, nossa primeira tentativa foi firmar uma parceria com a Cielo para que pudéssemos continuar operando, mas logo vimos que iria demorar para conseguir montar toda a operação. A partir desse momento, é possível separar a reconstrução do Méliuz em quatro etapas:

1ª etapa: os clientes

Nossa primeira atitude nasceu de um dos pontos da nossa cultura: o ganha-ganha-ganha. Não podíamos deixar os estabelecimentos na mão, aquele valor que não receberam da empresa do João poderia ser o ganha-pão de várias famílias. Poderia significar a sobrevivência da empresa deles. Então, bancamos do nosso bolso e gastamos 1,5 milhão de reais para pagar todos os lojistas que tinham parceria com o Méliuz. Honramos os débitos, e era tanta gente que precisava receber que foi feita uma planilha automatizada para criar os termos de maneira escalável. Foi difícil, mas era o certo a ser feito.

2ª etapa: o time de vendedores

O segundo problema era a equipe contratada para a nova solução. Para fazer a expansão do Méliuz no mundo físico, a gente precisou recrutar dezenas de vendedores de alto nível. Essa foi a única vez que tivemos de fazer uma demissão em massa por falta de competência nossa.

Lucas foi para São Paulo, onde ficava nosso maior time comercial, unicamente para isso – porque esse tipo de notícia precisa ser passada pessoalmente, da maneira mais honesta e transparente possível. Trinta pessoas em uma sala ouviram ele explicar sobre o calote da Raios, todas as m*rdas feitas e todos os esforços tomados para tentar mantê-las no time, mas não havia mais nada a ser feito.

As reações foram distintas, e todas compreensíveis: um terço chorou, outro terço ficou em silêncio e o terço final xingou até a última geração de nossas famílias.

Como se esse momento não fosse difícil o suficiente, ainda precisamos chamar as pessoas em grupos de cinco para a devolução de celulares, computadores e para resolver questões contratuais. Foi extremamente doloroso, especialmente considerando que essas pessoas haviam saído de seus empregos estáveis alguns meses antes – e o gerente que nos ajudou a demitir toda a equipe também acabou desligado um tempo depois. Foi tenso e angustiante, mas precisava ser feito pensando na sobrevivência do Méliuz. Esse foi o dia e o momento mais triste da nossa história.

3ª etapa: os processos

O terceiro problema foi uma novidade para o Méliuz. Até ali, a gente não tinha tomado nenhum processo trabalhista, mas como a Raios ficou devendo para seus funcionários, eles começaram a entrar na justiça para tentar receber o valor da rescisão do Méliuz. Foram mais de cem processos espalhados em diferentes cidades do Brasil, e cada vez que existia uma audiência, éramos obrigados pela justiça a levar pessoas do nosso time como testemunhas ou prepostos (representantes da empresa). Felizmente, ganhamos todos esses casos, porém isso nos custou muito dinheiro e ainda foi muito chato para o time do Méliuz, que precisava ir nessas audiências – e isso tem a ver com a quarta etapa.

4ª etapa: a equipe do Méliuz

Enquanto Lucas ficou responsável por fazer os desligamentos em São Paulo, Israel foi encarregado de falar com o restante do Méliuz que continuaria na empresa. Ele reuniu a equipe toda e pediu desculpas, assumindo a responsabilidade junto dos outros sócios por tudo o que aconteceu. O sentimento era de terra arrasada. Após esse evento, a gente ainda precisou de vários meses e de muito trabalho para recuperar a confiança do time e trazer a alegria de volta ao Méliuz.

COLOCAMOS TUDO EM RISCO AO ESQUECER TODOS OS VALORES DA EMPRESA E, MOMENTANEAMENTE, JOGAR FORA TUDO O QUE SABÍAMOS SOBRE EMPREENDER.

EMPREENDER: A ARTE DE SE F*DER TODOS OS DIAS E NÃO DESISTIR

Em constante alerta: como sobreviver a longo prazo?

Como já falamos, o Projeto Guerra aconteceu um ano depois de um dos melhores períodos da nossa história, e quando o Méliuz já era uma startup consolidada. Mesmo assim, quase acabou com nossa empresa. Por isso, finalizamos este capítulo com algumas lições que aprendemos com esse episódio.

1. **Problemas podem acontecer mesmo quando você está muito maduro** — E problemas reais, que colocam a vida da sua empresa em risco. Ter essa noção e estar em estado constante de alerta e atenção pode ser um divisor de águas para uma empresa que quer continuar crescendo a longo prazo.

2. **Não tenha medo de tomar as decisões difíceis** — Desligar o time recém-contratado foi uma das coisas mais dolorosas que fizemos, um dos piores dias de nossa vida. Empreendedor não gosta de demitir, gosta de contratar. Mesmo assim, não adiar aquele momento foi importante para que a empresa continuasse viva. Se tentássemos manter os novos contratados, o Méliuz inteiro iria acabar.

3. **Cause o menor impacto possível** — O que nos ajudou nesse momento foi a ideia de que a vida segue para os dois lados. A pessoa tem um contrato e ele prevê um possível rompimento. É dolorido, mas não significa que não deve ser feito. Uma dica é fazer tudo da maneira menos impactante possível. A nossa solução foi usar o departamento de RH para ajudar a realocar aquelas pessoas o mais rápido possível. Fizemos contatos com outros empreendedores e, três meses depois, a maioria dos demitidos já estava trabalhando em outro lugar.

VOCÊ ESTÁ CORRENDO CONTRA A MORTE

E os Smurfs?

Ficou curioso para saber o que aconteceu com os Smurfs, nossos concorrentes do Projeto Guerra? Bom, também deu ruim para o lado deles. O negócio não prosperou e, em 2019, eles tiveram problemas para pagar os estabelecimentos que tinham parcerias. Acabaram vendidos para conseguir sobreviver.

A vida, às vezes, cobra seu preço.

// **CAPÍTULO**

CULTURA NÃO SÃO FRASES BONITAS PINTADAS NA PAREDE

NOSSA IMERSÃO NA CULTURA MÉLIUZ	133
COMO GARANTIR UMA CULTURA FORTE NA SUA EMPRESA?	137
NERVOSO x NERVOSINHO: OS DILEMAS COM A CULTURA	142
CONTRATANDO ESTRELAS	144

E m 2015, ainda tínhamos um time pequeno (cerca de 25 funcionários), mas que não parava de crescer. Um deles era um programador que se dava muito bem com a equipe, gente boa, e entregava suas tarefas de maneira razoável – porém razoável nunca foi o suficiente para a gente.

No Méliuz buscamos pessoas fora da curva. Que acreditam que nada é impossível e que estão dispostas a dar o sangue para construir coisas grandiosas para nossos parceiros e usuários. Aquele programador não tinha esse espírito.

Por isso, tomamos a decisão de desligá-lo da empresa. E existe uma palavra que explica muito bem essa decisão, e que foi parte determinante em nossa trajetória: **cultura**.

Ser fora da curva é um dos pontos da cultura do Méliuz. E por mais legal que a pessoa seja, se ela não tem o comportamento que norteia toda a empresa, não é possível mantê-la na equipe.

Cultura tem muito a ver com comportamento, não é algo conceitual. Muitos empreendedores pensam que o *fit* cultural é algo abstrato, mas não é: diz respeito a maneira como você age, como trata os clientes, o jeito que manda um e-mail, como se porta perante um desafio e muito mais. E tudo isso é tangível.

Para Israel entender isso, porém, foi preciso sofrer na Solo. Em sua primeira jornada empreendedora, ao lado de Ofli, tinha um sentimento quase oposto ao de ganha-ganha-ganha. Na Solo, eles ajudavam seus clientes a investir em ações na bolsa de valores. Quando o cliente ganhava dinheiro porque suas ações tinham subido, queria ter ganhado mais. Quando o valor das ações só andava para o lado, sem ganhos, reclamavam que, se fosse para ver o dinheiro rendendo pouco, era melhor ter ido para renda fixa, com menos riscos. Quando o valor das ações dos clientes desvalorizava, era o fim do mundo e insatisfação para todos os lados.

Depois que venderam a empresa, tanto Ofli como Israel queriam um negócio que fosse ganha-ganha-ganha desde o começo. E o conceito do Méliuz é esse: o consumidor fica feliz em ganhar o cashback sem pegadinhas, o e-commerce lucra com as vendas e nós ganhamos nossa comissão. E assim, ganha-ganha-ganha acabou se tornando um dos valores da empresa.

Aos poucos, a cultura do Méliuz foi se moldando, seja na maneira de operar internamente, seja na relação com o cliente. Cada valor pessoal e conhecimento profissional ajudou no processo. Foi nessa época, por exemplo, que leram o livro *Satisfação garantida*,[19] de Tony Hsieh, fundador da Zappos. O livro moldou a cultura do Méliuz em relação ao tratamento com o cliente.

Porém, até o começo de 2015, por mais que o time já vivesse os valores no dia a dia, isso não estava escrito no papel. E é aí que o Lucas entra.

Você deve se recordar que, no Projeto Brasil, Lucas foi atrás de pessoas muito competentes. Gente que ele adorava e que eram tecnicamente impecáveis. O problema é que quando ele percebeu que estava sendo mais produtivo no Méliuz, trabalhando em período parcial, do que na própria startup, achou estranho. Como havia trabalhado na Ambev, empresa em que o *fit* cultural é tão importante, aos poucos foi notando a dissonância nesse aspecto. No Méliuz, tudo se encaixava como uma luva.

Lucas comentou com o Israel o quanto ele amava a cultura do Méliuz e que, com o crescimento da empresa, seria importante colocar nossos valores no papel e criar processos para garantir que a cultura não se perdesse com o tempo. Israel decidiu, então, fazer um *offsite* com todos os sócios, no qual Lucas organizaria uma dinâmica para colocarem a cultura da empresa no papel. Alugamos um sítio nos arredores de Belo Horizonte e passamos um fim de semana focados nessa missão.

---

[19] HSIEH, T. **Satisfação garantida**: aprenda a fazer da felicidade um bom negócio. Rio de Janeiro: HarperCollins, 2017.

Nossa imersão na cultura Méliuz

Criamos uma situação de convivência, essencial para estabelecer laços, relações de confiança e relaxar, para fazer um exercício tão importante como colocar a cultura no papel. O exercício para chegar a isso foi dividido em etapas.

1ª etapa: analisamos a cultura de empresas que admiramos, como Facebook, Ambev, Alibaba, Amazon, Walmart, Unilever e Google. Usamos aquilo como inspiração e começamos um exercício para encontrar quais eram os pontos em comum entre os sócios.

2ª etapa: pegamos vários posts-its e a tarefa foi escrever, neles, comportamentos de outras pessoas que nos irritavam no trabalho. Ficamos lá por cinco minutos em total silêncio, somente escrevendo e jogando os papéis sobre uma mesa. Depois, paramos para ler e tentamos entender quais eram os pontos de intersecção. Por exemplo: todos colocaram "vagabundo" ou "preguiçoso" como comportamentos que nos irritavam.

3ª etapa: fizemos mais uma rodada de post-its, mas agora com os comportamentos no trabalho que admiramos. Mais cinco minutos e muitos papéis. A parte mais difícil do exercício foi justamente encontrar os pontos de intersecção. Afinal, a cultura de uma empresa precisa ter os pontos que os fundadores concordam integralmente. No entanto, depois de definida, a cultura não deve trazer conflito algum: é a constituição que rege a empresa.

EMPREENDER: A ARTE DE SE F*DER TODOS OS DIAS E NÃO DESISTIR

Chegamos inicialmente em dez pontos de cultura, mas depois conseguimos juntar alguns e simplificar em sete. A seguir, veja quais são os valores que dão rumo ao Méliuz.

	PRINCÍPIOS	DESCRIÇÃO
CLIENTE	Clientes para a vida toda	Somos apaixonados pelos nossos clientes (parceiros e usuários) e, por isso, queremos oferecer produtos e serviços que os façam amar o Méliuz. Acreditamos que, para construir uma relação de longo prazo, ter um atendimento perfeito é fundamental. Todos que trabalham no Méliuz são responsáveis por cuidar dos nossos clientes da maneira como gostaríamos de ser tratados. Vamos sempre trabalhar para superar as expectativas, entregando cada vez mais valor e prazer na experiência com o Méliuz.
	Ganha-ganha-ganha	Acreditamos que é possível criar produtos, serviços e parcerias em que todos saem ganhando. Também queremos construir o Méliuz dessa maneira, fazendo com que funcionários, sócios, investidores, clientes e parceiros ganhem com o crescimento da empresa. Ganha-ganha-ganha é o único caminho para construirmos relações fortes e de longo prazo, garantindo também a sustentabilidade financeira do Méliuz.
TIME	Equipe fora da curva	Nosso time é formado por pessoas com sangue no olho, que dão raça e têm senso de urgência. Nada de corpo mole: gostamos de trabalhar! Nosso time é inteligente e autodidata e está sempre estudando, aprendendo coisas novas. Pessoas fora da curva sempre compartilham conhecimento com outros profissionais do Méliuz. A gente ama trabalhar com pessoas excelentes e, por isso, sempre queremos contratar e desenvolver pessoas melhores do que nós. Ficamos nervosos, mas não "nervosinhos".
	Espírito empreendedor	Nos comportamos como donos em todas as situações e nunca terceirizamos problemas para o Méliuz ou outras áreas. Assumimos riscos para fazer coisas grandes, e algumas vezes falhamos, mas nunca desistimos. Reconhecemos nossos erros e acertos. Todos devem ter autonomia para trabalhar. Iniciativa é a virtude primária de um empreendedor. Se o Méliuz tem um problema, em vez de apenas apontar o dedo e se distanciar, seja parte da solução.

CULTURA NÃO SÃO FRASES BONITAS PINTADAS NA PAREDE

	PRINCÍPIOS	DESCRIÇÃO
TIME	Grande família	Não contratamos gente chata e gostamos de pessoas bem-humoradas. Respeito vem antes da liberdade. Nos sentimos tão bem como se estivéssemos em casa e a segunda-feira é massa. Família também tem discussão, mas não tem fofoca. Resolvemos nossos problemas uns com os outros de maneira transparente. Apoiamos a diversidade e buscamos garantir que todas as pessoas se sintam respeitadas e representadas com equidade dentro da empresa.
ATITUDE	Priorize e simplifique	Simples é sempre melhor. Entregar rápido e sempre. Errar rápido. Não tentar solucionar tudo ao mesmo tempo. Ter foco! Um teste bem feito vale mais do que mil opiniões.
	Nada é impossível	Podemos ser a melhor empresa do mundo. Temos convicção de que tudo pode ser mudado, melhorado e conquistado. Frases como "sempre foi assim" e "isso é impossível" não fazem parte do nosso vocabulário. Gostamos de pessoas otimistas, persistentes e que deixam legado por onde passam.

A CULTURA DE UMA EMPRESA PRECISA TER OS PONTOS QUE OS FUNDADORES CONCORDAM INTEGRALMENTE.

CULTURA NÃO SÃO FRASES BONITAS PINTADAS NA PAREDE

Como garantir uma cultura forte na sua empresa?

Uma cultura se constrói com o tempo, é claro, mas se baseia em vários aspectos importantes. É necessário não só criá-la, mas também cultivá-la e defendê-la. E para garantir que você consiga perpetuar a cultura ao longo dos anos, separamos alguns aspectos importantes de avaliação nesse sentido.

Tudo começa pelos sócios

No capítulo em que falamos sobre os sócios, mostramos a importância de escolher as pessoas certas. E pessoas certas, nesse contexto, vai muito além de serem competentes e tecnicamente boas. Os sócios precisam desenvolver a mesma cultura e os mesmos valores – e foi o que aconteceu com o Lucas quando se juntou ao Méliuz e o que não rolou com o Israel, o Ofli e seus outros sócios na Solo Investimentos.

Como o Méliuz tem uma política de sociedade que é um dos pilares da empresa, sempre foi muito importante para nós que todos os sócios, mesmo os com pequena participação, fossem referências em todos os pontos da cultura.

Se essa etapa não for realizada corretamente, a empresa já nasce com o destino selado. Divergências na cultura podem ser ignoradas a curto prazo, mas com o tempo trarão discussões que vão muito além de simples definições – o que pode ocasionar o fim da empresa ou da sociedade.

O recrutamento

Uma das maiores dificuldades do Méliuz é contratar. Para nós, não basta a pessoa ser competente, ela precisa estar alinhada aos nossos valores. O Lucas costuma dizer que uma etapa rigorosa para avaliar esse alinhamento no processo seletivo é uma das principais alavancas para se manter uma cultura forte ao longo do tempo. Em geral, nosso recrutamento funciona da seguinte maneira:

1ª etapa – Análise de currículo e entrevista comportamental com o RH.

2ª etapa – Fase técnica e entrevista com o time da respectiva área. Por exemplo, a equipe de engenharia conversa com um candidato para a vaga de programador.

3ª etapa – Entrevista de cultura, feita por três pessoas de áreas diferentes e não relacionadas à vaga para a qual o candidato está aplicando. Por exemplo, se uma pessoa está aplicando para uma vaga de programador, quem irá conversar com ela será uma pessoa de marketing, uma de finanças e uma de operações. Fazemos isso para evitar que um candidato seja aprovado nessa etapa só porque ele é muito bom tecnicamente. Com entrevistadores de áreas distintas, garantimos que eles focarão a conversa tão somente no alinhamento cultural do candidato.

Descobrir se um candidato é alinhado com sua cultura não é tarefa simples. Por exemplo, um dos nossos pontos é "equipe fora da curva". De nada adiantaria a gente perguntar para o candidato: "Você se considera fora da curva?". Logo, tentamos descobrir isso com perguntas indiretas como, por exemplo: "Qual foi o maior legado que você já deixou em alguma empresa ou projeto?". De acordo com a resposta, conseguimos ter uma noção se o candidato é ou não fora da curva.

Ao colocar uma etapa a mais no nosso processo seletivo, acabamos por reduzir o número de pessoas que conseguimos contratar. Imagine um grupo de cem pessoas quaisquer. Quantas dessas são fora da curva? Dez, talvez? E dessas, quantas acreditam que "nada é impossível"? Cinco? E dessas cinco, quantas têm espírito empreendedor? Ao afunilar tanto o processo, sabemos que as contratações podem demorar muito. Muito mesmo.

Isso aconteceu, por exemplo, certa vez em que mais de cinquenta pessoas foram aprovadas na etapa técnica, mas nenhuma foi aprovada na etapa de cultura. Essa vaga demorou seis meses para ser preenchida. Mesmo desesperados para dar cabo nisso, aguardamos a pessoa correta e ela apareceu: Túlio, nosso atual gerente de operações. Com o tempo, tudo compensou, e os meses "perdidos" valeram a pena no longo prazo por termos escolhido uma pessoa alinhada, competente e que virou sócia anos depois.

Desligamento por desalinhamento cultural

Só colocar a cultura no papel não basta, é preciso cultivá-la. Mesmo seguindo todos os pré-requisitos que comentamos para uma contratação, é ainda possível que você precise desligar pessoas ao longo do percurso por desalinhamento cultural, assim como aconteceu na história que deu início a este capítulo. E isso só mostra que, infelizmente, o processo não é à prova de falhas e, em alguns momentos da empresa, tivemos de abrir mão de pessoas para que pudéssemos estar sempre alinhados aos nossos valores.

Há outra situação igualmente difícil com que você poderá se deparar: e quando uma pessoa bate metas, é um bom profissional, mas não está alinhado à cultura da empresa? Foi o caso de um funcionário do time de vendas que gerava muito faturamento para o Méliuz, mas tinha atitudes desalinhadas a nossa cultura. É claro que ficamos receosos, afinal *o que fazer nesse caso?* Demoramos mais do que deveríamos, mas fomos corajosos e optamos pelo desligamento. A longo prazo essa se mostrou a decisão correta, porque o time começou a apresentar um desempenho melhor como um todo.

Outro caso: um estagiário muito competente, inteligente, com um ótimo futuro pela frente, mas que gostava de ser competitivo demais com os colegas de trabalho. Esse estilo pode fazer parte da cultura de algumas empresas, mas não condiz com a do Méliuz. Também optamos pelo desligamento nesse caso.

Cultivando a cultura

O alinhamento cultural também é utilizado como critério para promoções e aumentos salariais no Méliuz. Quanto mais alinhado é o funcionário, mais chances ele tem de crescer na estrutura e virar sócio. Isso não só garante a retenção dos profissionais mais alinhados, mas também que nosso time de líderes seja composto por pessoas que deem exemplo da nossa cultura para o restante da empresa. Em uma pesquisa feita anualmente com todos os colaboradores, perguntamos se seus gestores estão alinhados à cultura do Méliuz. A resposta foi unânime: 100% disseram que sim.

SÓ COLOCAR A
CULTURA NO PAPEL
NÃO BASTA,
É PRECISO
CULTIVÁ-LA.

Nervoso x nervosinho: os dilemas com a cultura

Quando uma empresa começa a crescer e ter mais funcionários, é comum surgir o que chamamos de *turminha do fundão*. Isso já existia no Méliuz, mas durante o Projeto Guerra se intensificou.

Na época em que encerramos o projeto de maneira formal, com o pedido de desculpas do Israel, a maioria achou nobre da nossa parte falar de forma aberta. Outra parte, porém, agiu de uma maneira que chamamos aqui dentro de *nervosinhos*.

O **nervosinho** é aquele que fica irritado com coisas que acontecem dentro da empresa e, em vez de falar com o responsável pelo erro ou com alguém que pode solucionar o problema, faz fofoca com as pessoas que não têm nada a ver com a situação. É uma chama de insatisfação que, no lugar de buscar um extintor, prefere colocar gasolina no problema.

Já do **nervoso** nós gostamos muito. É a pessoa que, quando vê alguma coisa errada, fica brava, indignada. E para resolver o problema, escancara o que está acontecendo com a pessoa certa. O Méliuz não é uma empresa perfeita – assim como nenhuma é –, e para resolvemos os desafios e impasses, precisamos mostrá-los para os responsáveis capazes de solucioná-los.

Desde que acabou o Projeto Guerra, temos o Jogo Aberto, momento em que Israel conversa, uma vez por semana, com toda a empresa e qualquer pergunta pode ser feita. Qualquer uma mesmo. Várias vezes, usamos esse tempo para reconhecer e elogiar os mais nervosos. Afinal de contas, são essas pessoas que de fato vão escancarar os problemas e permitir que eles sejam resolvidos. Em relação aos *nervosinhos*, quando identificamos algum, damos um feedback claro e, caso não surjam mudanças, efetuamos o desligamento – afinal, essas pessoas podem contaminar o ambiente e, aos poucos, transformarem toda a nossa cultura. E vale dizer que, por muitas vezes, os problemas que os nervosinhos estão trazendo são

CULTURA NÃO SÃO FRASES BONITAS PINTADAS NA PAREDE

reais, mas ao reclamar com as pessoas erradas, não contribuem para o bom funcionamento e crescimento da empresa.

Nervoso

- **Exemplo 1.** Um profissional de marketing percebeu que os parâmetros dos anúncios para o Facebook estão desconfigurados e atingindo o público-alvo errado, o que pode ocasionar problemas nas retenções de clientes no médio prazo. Naquele momento, conversou com o gestor para estabelecer um plano sobre como refazer os anúncios da melhor maneira e o que fazer com os clientes adquiridos com a parametrização errada.
- **Exemplo 2.** Uma funcionária está insatisfeita com a nova divisão de áreas da empresa. Para ela, as equipes terão dificuldades em atuar em projetos com a nova configuração, que separa mais cada segmento. Então, ela expôs essa realidade para os diretores, que podem pensar em uma solução para integrar melhor as áreas.

Nervosinho

- **Exemplo 1.** O ar-condicionado da sala da empresa quebrou. O funcionário, em vez de simplesmente resolver o problema com a equipe que cuida de *facilities*, resmunga para a pessoa ao lado, sua colega no marketing, dizendo que a empresa não dá condições para trabalhar.
- **Exemplo 2.** Um programador notou alguns erros na arquitetura do site, implementados por profissionais que não estão mais na empresa. Não fala diretamente com o gestor para criar uma possibilidade para solucionar, mas reclama para outro programador que o direcionamento da diretoria é continuar construindo coisas novas em vez de se preocupar com a reconstrução dos sistemas antigos.

Contratando estrelas

Existe uma outra faceta na contratação de novos funcionários, principalmente quando a empresa já tem alguns anos de estrada. O número de erros que cometemos com contratações passivas – em que pessoas se aplicam para as vagas – foram relativamente baixos. Porém, já erramos muito em contratações ativas – em que a empresa vai atrás de talentos diretamente.

Quando você tem um cargo sênior para ser preenchido, é comum que tenha alguns alvos que possuem fama no mercado. Logo, você coloca muita fé na pessoa, pois acha que ela vai entrar e mudar a história da empresa. A expectativa fica nas alturas, mas cuidado: isso pode inebriar seu julgamento e fazer com que você não perceba que ela não tem alinhamento com a sua cultura. Isso aconteceu duas vezes conosco – e foram muito marcantes.

Na hora em que uma pessoa desse nível entra na empresa, ela pode rapidamente virar referência para o time e acabar sendo responsável por várias contratações. Logo, um desalinhamento cultural nesse tipo de situação pode ter um impacto muito grande.

Certa vez, contratamos uma gestora de uma grande empresa brasileira. Ela chegou ao Méliuz em um cargo de direção, respondendo diretamente para o Israel e tendo um time gigante abaixo de si: três áreas inteiras. Enchemos a bola dela para todos e sua contratação foi até motivo de e-mail para toda a empresa. Ela tinha tudo para levar o Méliuz a outro patamar.

A pessoa parecia tão boa que não fizemos o esforço de ir atrás para entender como seria a relação dela com equipes, e não checamos a fundo suas outras experiências profissionais. Não fizemos uma pesquisa profunda e, de maneira tendenciosa, buscamos qualidades que cumprissem as nossas crenças pré-existentes.

CULTURA NÃO SÃO FRASES BONITAS PINTADAS NA PAREDE

Infelizmente, só quando ela já estava trabalhando no Méliuz, fomos percebendo que ela não estava alinhada a alguns pontos da nossa cultura. Tentamos por alguns meses reverter a situação, mas acabamos por efetuar o desligamento, uma experiência que não foi boa nem para ela, nem para nós.

A lição de não ficar obstinado ou empolgado com um candidato, por melhor que ele seja, nos ajudou nas contratações seguintes. Foi o caso do André, hoje nosso sócio e diretor de estratégia. A expectativa era alta e também achamos que ele poderia mudar o patamar do Méliuz. Era alguém muito bom tecnicamente e que tinha tudo para se dar bem na empresa, mas em nenhum momento falamos sobre essa expectativa toda nem para ele, nem para o time. Fizemos quase que como um *"soft launch"* de sua atuação, e também não demos um grande time para ele – que entrou quase que em uma "carreira solo", respondendo diretamente para o Israel.

À medida que ele foi entregando resultados e se mostrando alinhado, demos a ele mais desafios e responsabilidade. Com o tempo, ele foi ganhando o respeito de todo o time, que percebia o tremendo impacto das entregas. Então, virou diretor na maior naturalidade do mundo. Pessoas que poderiam ter resistência por vê-lo como diretor não só aceitaram como ficaram felizes quando fizemos o anúncio de sua promoção.

O prejuízo de errar nessas contratações é enorme. Além da demora para contratar em um processo demorado e rigoroso, você paga um salário maior do que a média do time. Tira o profissional de outra companhia, faz a integração, explica absolutamente tudo sobre a empresa, coloca-o para ser gestor... tudo isso para, um ano depois, ele ser desligado. É uma derrota.

Manter uma cultura forte não é fácil, mas é a missão mais importante de um empreendedor durante a jornada da empresa. É preciso gastar muita energia e tempo com isso. É desafiador, mas foi ela que nos trouxe até aqui, e é o que vai nos permitir continuar crescendo de maneira sustentável nos próximos anos.

// CAPÍTULO

DINHEIRO NÃO É TUDO

O PRIMEIRO ERRO: ESCOLHEMOS O INVESTIDOR ERRADO	150
O SEGUNDO ERRO: NÃO INVESTIMOS DA MELHOR MANEIRA	153
FUNDOS DE INVESTIMENTO E AS LIÇÕES DOS PRIMEIROS ANOS DE EMPRESA	154
O SONHO DOS FUNDOS DE INVESTIMENTOS CONTINUA	158

O primeiro investidor do Méliuz foi um antigo cliente da Solo Investimentos. Dinheiro não faltava e, com um *pitch* engenhoso, Israel e Ofli conseguiram convencê-lo a investir parte de seu patrimônio antes mesmo de a empresa ter um CNPJ, em 2011.

Existem vários "cantos da sereia" para o empreendedor que está em sua primeira empreitada. E o primeiro deles, talvez, seja a necessidade de levantar um grande investimento antes mesmo de ter um CNPJ. Foi um pouco do que aconteceu conosco com o Méliuz, e vamos dividir essa história em dois erros principais (e suas respectivas soluções).

O primeiro erro: escolhemos o investidor errado

Se Israel e Ofli eram empreendedores de segunda viagem, por conta da Solo Investimentos, essa pessoa era um investidor-anjo em sua primeira experiência, ou seja, nunca havia investido em nenhuma startup. O anjo precisa não só auxiliar a agregar capital como também fazer você cortar caminhos, dar dicas e saber truques para dar tração ao seu negócio.

Ele precisa ser um mentor, um guia, uma pessoa que vai tornar o caminho menos árduo, e não foi o que aconteceu. Escolhemos alguém que havia gostado da ideia e estava disposto a colocar dinheiro no negócio – mas "só" isso.

Quando você toca um negócio, nunca se sabe quando e qual tipo de problema pode aparecer. E, com esse investidor, tivemos um desafio que bateu à nossa porta muito tempo depois do investimento.

Certa vez estávamos pesquisando linhas de crédito em bancos para deixar a empresa mais preparada para um crescimento futuro. Basicamente queríamos bons relacionamentos com bancos, mas, quando fomos abrir as contas, eles começaram a negar os pedidos. O tal investidor tinha o nome sujo no mercado devido a algumas complicações financeiras passadas. Como ele estava no nosso *captable*, qualquer tipo de movimento como empresa perante as instituições financeiras foi difícil.

A solução

A solução de um erro desses custa dinheiro. Muito dinheiro. Depois de muito patinar no começo da empresa e enfrentar os problemas com bancos, tivemos uma árdua negociação com o investidor para recomprar a participação

EXISTEM VÁRIOS "CANTOS DA SEREIA" PARA O EMPREENDEDOR QUE ESTÁ EM SUA PRIMEIRA EMPREITADA.

dele em 2015. Foi sofrido porque não havia muito caixa e essa pessoa queria sair com um *valuation* irreal. Depois de horas e mais horas de negociações com advogados, ele cedeu e topou receber o valor que estávamos oferecendo. No fim das contas, ele saiu com lucro e nós saímos com muitas noites mal dormidas.

O segundo erro: não investimos da melhor maneira

O dinheiro recebido pelo investidor-anjo foi gasto, em sua maior parte, com marketing. O objetivo era trazer clientes e mais clientes a todo custo – mas já falamos que, no começo, o mais importante é apresentar um produto qualificado e reter os poucos clientes que já se tem. Sorte a nossa se tivéssemos recebido essa mesma dica que demos para você, porque torramos esse dinheiro e não conseguimos deixar a solução pronta para crescer.

Investimos em assessoria de imprensa para aparecer em matérias falando sobre o Méliuz, achando que sair na imprensa traria mais clientes, conseguindo um *boom* de vendas. Bobagem.

A empresa caminhou apenas de lado e só foi começar a ganhar tração depois de vários meses. Atualmente sabemos que o mais importante seria priorizar os gastos na melhoria do produto, com foco na retenção de clientes. E só depois de um produto redondo deveríamos começar a investir em marketing.

A solução

Como arrumar uma empresa prestes a quebrar e com um produto problemático? Conseguimos ser aprovados no programa Start-Up Chile e recebemos um novo investimento, dessa vez sem abrir mão de nenhum percentual da empresa. Foi em um período em que já sabíamos do erro. Então, usamos o dinheiro de maneira correta. Aliás, o investimento que tivemos no Start-Up Chile foi cerca de cinco vezes menor do que aquele recebido do investidor no começo da empresa – mas teve vinte vezes mais impacto positivo.

Fundos de investimento e as lições dos primeiros anos de empresa

O investimento em marketing e assessoria pelo menos chamou a atenção de alguns fundos de investimento.

Em 2012, um ano após o surgimento do Méliuz, aconteceu finalmente a nossa primeira conversa com fundos de investimento. Nesse momento o coração palpita, as mãos suam e a respiração fica ofegante. Era a chance de ser validado pela Monashees, um dos principais gestores de *venture capital* (é uma modalidade de investimento de alto risco focada em empresas que possuem alto potencial de crescimento) brasileiros. Estavam interessados em conhecer mais sobre o nosso negócio.

Vamos ser bem diretos aqui: em cinco minutos de conversa, eles já sabiam que não havia a menor chance de investir no Méliuz. A empresa era crua. Os fundadores eram crus. Ninguém sabia direito o que estava fazendo e o caminho a ser percorrido era muito longo. É claro que, na época, nós não tínhamos essa noção e tudo aquilo foi uma frustração.

Entretanto, nossa tentativa com investidores não parou ali: no Start-Up Chile tivemos a chance de fazer várias apresentações sobre o Méliuz. A primeira foi para investidores latino-americanos. Havia muita gente, muitos investidores dispostos a conhecer os negócios. Não rendeu nada.

Terceira chance: no final do Start-Up Chile, as top 5 startups do programa foram convidadas para fazer um *roadshow* para investidores nos Estados Unidos, e o Méliuz era uma delas. E lá fomos nós para o Vale do Silício apresentar nosso negócio para investidores gringos.

Israel ficou horas e mais horas treinando o *pitch* em inglês, que só podia ter dois minutos. Chegou o momento da apresentação e, dessa vez, estava muito mais claro que as coisas dariam certo. Estávamos confiantes, preparados e tudo estava no seu devido lugar. Ao fim do Start-Up Chile, o Méliuz já gerava caixa e estava crescendo muito. A apresentação foi perfeita.

O resultado? Ninguém quis sequer falar conosco. A animação da viagem virou frustração, mais uma vez.

Poderíamos aproveitar este livro para colocar a culpa nos investidores, dizendo que eles perderam uma grande oportunidade de investir no Méliuz, mas não é o caso. Nós estávamos errando. Assim, separamos algumas dicas relevantes para quem ainda está nos primeiros anos de empresa:

1. **Conheça bem quem é o investidor que está ajudando e tome muito cuidado com quem você escolhe**
   Se essa pessoa tem alguma dívida e está no seu contrato social, a sua empresa pode literalmente falir ao não conseguir um empréstimo quando precisar, por exemplo. Há mecanismos que protegem a companhia nesse sentido, como a dívida conversível (ou *convertible debt*). Ela é um recurso no qual o investidor empresta o dinheiro para os empreendedores e, caso a empresa atinja certas condições, a pessoa pode ter o seu crédito convertido em participação societária no futuro. Neste caso, o investidor não faz parte do contrato social logo de cara.

2. **Atenção ao *captable* nos primeiros investimentos**
   Um dos maiores motivos de startups não conseguirem rodadas subsequentes de investimento é um *captable* ruim. Já vimos casos de investidores-anjo que ficaram com 50% ações da startup. Isso é péssimo porque significa que, caso o empreendedor traga mais investidores no futuro, sua participação pode acabar ficando irrelevante. Profissionais com pouca participação na própria empresa podem ter problemas de motivação no futuro. Não só isso: os próprios fundos podem ficar desconfiados em investir em uma empresa na qual o fundador tem uma participação tão pequena. Ter esse cuidado desde o começo do negócio é essencial, seja lá qual for o tipo de investimento – fundos ou investidores-anjo. Não existe um número mágico, mas, em geral, investidores-anjo deveriam ficar com até 15% das ações da empresa após o investimento. Essa dica vale ouro, então leia-a novamente.

3. **Captar muito dinheiro pode não ser bom**
   Quando o investimento é alto e o conhecimento é pouco, a chance de usar o valor de maneiras erradas é gigante, como foi o nosso caso. As exceções são os empreendedores que já tiveram algumas experiências com outros negócios e irão entender como investir em cada área no início.

4. **Recomendamos que o primeiro passo de uma empresa seja dado com os programas de aceleração**
   Um exemplo é como aconteceu no Start-Up Chile para o Méliuz e o programa de aceleração de startups do Governo de Minas Gerais, SEED, para o Projeto Brasil. Além de entregar dinheiro na quantia correta, esses programas não pegam nenhuma porcentagem da empresa – acordo chamado *equity free* – e auxiliam com mentorias que vão ser essenciais para o crescimento da startup. Por fim, você ainda tem a oportunidade de aprender muito com outros empreendedores participantes desses programas.

QUANDO
O INVESTIMENTO
É ALTO E
O CONHECIMENTO
É POUCO, A CHANCE
DE USAR O VALOR
DE MANEIRAS
ERRADAS É
GIGANTE.

EMPREENDER: A ARTE DE SE F*DER TODOS OS DIAS E NÃO DESISTIR

O sonho dos fundos de investimentos continua

Recapitulando a nossa história, em 2011 tivemos o primeiro investimento-anjo na empresa. Depois, em 2012, tivemos a aceleração no Start-Up Chile – oportunidade na qual o conhecimento valeu mais do que o dinheiro. O que se seguiu foram três anos andando com as próprias pernas, sem uma busca incessante e proativa por investidores.

Verdade seja dita: em 2015, o Méliuz estava indo muito bem, crescendo, gerando caixa, mas nós ainda queríamos receber investimento de um fundo de *venture capital*.

Em um mercado de startups borbulhando, sentíamos que havia empresas mais novas e menos lucrativas do que a nossa recebendo investimentos relevantes. Decidimos, então, voltar a procurar por gestores de *venture capital*.

A tarefa ficou na mão do Ofli, que bateu de porta em porta para que investidores pudessem conhecer mais sobre o Méliuz. Antes de irmos para a captação, estávamos extremamente otimistas, já que víamos até empresas que davam prejuízo conseguindo investimento. O Méliuz estava maduro, rodando há quatro anos e conseguindo fazer caixa. Parecia apenas questão de tempo para conseguirmos a validação de algum fundo.

Tínhamos números relevantes de crescimento para mostrar (mais de 100% ao ano, por exemplo), perspectiva de faturamento, cultura forte... o material para atrair os investidores estava ali. E tínhamos certeza de que iríamos conseguir.

Ofli, então, teve 62 conversas com fundos de investimento. Foram 62 vezes em que ouviu **não**. As justificativas foram as mais distintas: "Não vamos avançar no momento", "Acreditamos que o seu negócio não terá a escala que estamos buscando", "Sua empresa nunca vai valer um bilhão de dólares", "Queremos acompanhar o crescimento da empresa nos próximos anos", "Não acreditamos que sua empresa possa trazer um retorno de cem vezes o capital investido".

DINHEIRO NÃO É TUDO

Foi não atrás de não. E depois outro não. Tudo isso com uma empresa crescendo bastante, com boa retenção de usuários e projetando um futuro promissor. Nada dava certo. A sensação era de patinho feio. O que poderia estar tão errado no Méliuz para que nenhum fundo se interessasse?

Enquanto isso, conversávamos em paralelo com dois dos nossos maiores mentores: pessoas do Ebates e do Quidco, referências internacionais em cashback, como comentamos anteriormente. Bastaram algumas conversas com *players* que conheciam o mercado para que viesse a validação de que tanto precisávamos. Tanto o Quidco como o Ebates viam uma grande oportunidade em investir no Méliuz, e não demorou muito para que recebêssemos uma proposta de aquisição de ambos.

Seria a hora de vender o Méliuz para esses *players*? Israel ficou pensando naquilo por algum tempo, afinal, era uma quantia de dinheiro relevante. Lucas, então, perguntou para Israel: "Meu caro, imagine que a gente vende o Méliuz, você então vai pras Maldivas e passa um ano lá descansando e curtindo. Quando voltar, você ainda terá muito dinheiro. O que vai fazer com ele?". Israel respondeu com um sorriso: "Comprar o Méliuz de volta". Não havia dúvida: a gente era apaixonado pelo nosso time, pela jornada, e tínhamos certeza de que poderíamos construir algo muito grande. Não iríamos vender a empresa tão cedo.

Na mesma época, exatamente na 63ª conversa com um investidor, Ofli teve um aceno positivo de um fundo de investimento. O papo foi com um investidor-anjo chamado Fabrice Grinda, fundador da OLX.

A conversa começou com o Ofli mandando uma mensagem no LinkedIn para ele. Por ser um dos mais habilidosos investidores-anjos do mercado, a conversa evoluiu muito rápido e, em pouco tempo, havia em nossas mãos a proposta do Grinda, além das ofertas de Quidco e Ebates para aprovação.

Em pouco tempo, porém, também recebemos outras propostas de fundos e investidores-anjo. Entre eles estava uma proposta do Florian e do Mate, fundadores da Printi e da Loft, além do Julio Vasconcelos, fundador do Peixe Urbano. Então, decidimos fechar com todos eles: Grinda, Florian, Mate e Julio.

Pronto, o carimbo de que precisávamos estava ali. Não éramos mais um patinho tão feio assim. Aquele foi o chamado **investimento seed**, que é o primeiro investimento profissional que uma empresa recebe.

Dois pontos de destaque desse investimento vão além do dinheiro injetado no Méliuz: primeiro, o *equity* que cedemos para as negociações foi ótimo para nós; menos de 5%, sendo que, normalmente, um investimento seed pega de 6 a 10% de participação da empresa. Segundo, trouxemos pessoas que conheciam o mercado

A GENTE ERA
APAIXONADO
PELO NOSSO TIME,
PELA JORNADA, E
TÍNHAMOS CERTEZA
DE QUE PODERÍAMOS
CONSTRUIR ALGO
MUITO GRANDE.

de startups e podiam nos ajudar – como você já leu em outros capítulos, Mate, Florian e Julio participaram de outros momentos da nossa trajetória como mentores.

Como em uma bola de neve, interessados começaram a aparecer após essa rodada. Um ano depois do investimento seed, alguns fundos demonstraram interesse em conversar com o Méliuz. As conversas renderam frutos: em 2016, conseguimos receber propostas de grandes fundos de investimento como a Monashees, e essa seria a nossa **série A** de investimentos.

As propostas foram interessantes: os fundos fizeram um *valuation* do Méliuz acima do que estávamos esperando. Consideramos tudo aquilo muito bom! Seriam alguns milhões de dólares, pouca diluição e, embora não precisássemos de dinheiro, pois já gerávamos caixa, aquele investimento poderia acelerar nosso crescimento.

No entanto, era necessário resolver vários problemas antes de seguir com esses investidores. Iríamos nos diluir ainda mais e, considerando que o nosso *captable* estava bagunçado, isso poderia ser muito prejudicial. Além daquele investidor-anjo do começo, também tínhamos um funcionário com percentual relevante da empresa – o programador, lembra? A missão, então, foi melhorar o *captable* para acomodar os fundos sem diluir os principais sócios.

Já sabíamos o dever de casa e, quando Israel e Ofli quase foram rejeitados como empreendedores Endeavor por causa disso, decidimos resolver de uma vez. Foi difícil e um bom dinheiro foi gasto, mas conseguimos melhorar o *captable* comprando a participação do investidor-anjo e uma parte relevante da participação do sócio programador. Vale dizer que o programador entendeu o porquê daquele movimento ser importante para o Méliuz e aceitou a negociação.

Então, a série A de investimentos foi liderada pela Monashees, também com participação da Lumia Capital na mesma rodada. Recebemos o dinheiro, os fundos receberam suas participações, os sócios que recompramos receberam seus valores e não fomos mais diluídos. Uma situação ganha-ganha-ganha!

Um dos motivos de termos conseguido uma negociação tão boa foi justamente a ótima situação em que nos encontrávamos financeiramente. Quanto menos você precisar dos recursos, maior a chance de consegui-los.

Mas não foi exatamente o que aconteceu no ano seguinte, em 2017. O momento da **série B** era diferente: estávamos em pleno Projeto Guerra. O caixa estava queimando sem parar e, para pagar todo o time que havíamos contratado e dar conta dos investimentos agressivos em marketing, precisávamos de um investimento robusto. A guerra era totalmente errada e, como falamos lá atrás, precisamos buscar esses fundos em tempo recorde.

Assim, vale lembrar que na série B o empreendedor vai precisar de mais métricas e mais justificativas do que na A. O tempo jogava contra nós. Não havia nem tempo para que os fundos pensassem muito no nosso caso. O que nos salvou foi a relação com os fundos que investiram no Méliuz da primeira vez. Conseguimos uma negociação razoável, desta vez com a Lumia Capital liderando e Monashees e Endeavor Catalyst (fundo que só investe em empreendedores Endeavor) também na rodada. O fato de termos feito essa rodada no desespero nos prejudicou, principalmente no *valuation*. Um ano depois, nosso *valuation* foi só um pouco maior do que o série A, embora ainda fosse alto – e ter um valor alto não necessariamente é bom, explicaremos o motivo a seguir.

Aqui estão algumas dicas importantes na hora de negociar com fundos de investimento:

Quando o *valuation* alto é um problema

Os olhos do empreendedor tendem a brilhar quando a empresa é avaliada em um valor alto. Mas isso também pode ser um problema. O *valuation* da empresa é construído baseado numa expectativa de resultados futuros. Se não conseguir entregar o que foi prometido e precisar levantar mais capital, dificilmente os futuros investidores vão precificar a companhia da mesma forma que os antigos fizeram, visto que o crescimento não foi tão grande quanto era esperado. Isso pode dificultar, portanto, novas rodadas de investimento, pois o empreendedor e os investidores antigos terão resistência em aceitar um preço que pode até ser menor do que o anterior. O que se vê na maioria das vezes é que, precisando de capital, o empreendedor acaba aceitando, por necessidade, a nova precificação, e vendendo mais participação do que esperava. Isso pode minar a motivação do empreendedor a médio prazo e prejudicar a companhia. Mais adiante também falaremos sobre *liquidation preference*, então toda essa questão de *valuation* alto ser um problema ficará mais clara.

Investimentos são para crescer, e não para lucrar

O principal motivo de um investidor-anjo ou fundo de investimento injetar dinheiro na empresa é querer ver a companhia crescer e o seu capital aumentar.

Por isso, é necessário investir em produtos ou soluções que expandam a startup. Não é de interesse dos investidores que seja feita uma distribuição de lucro ou dividendo no curto e médio prazo. Se um empreendedor quer iniciar um negócio para ter retiradas de lucro anuais, talvez levantar investimentos de um fundo de *venture capital* não seja o ideal.

Há algumas soluções para essa questão. A primeira é negociar de antemão com os fundos de investimento uma retirada de dinheiro na rodada, ou seja, parte do capital vai para o bolso do empreendedor em vez de ir para a empresa. Outra opção é combinar com os investidores e deixar claro que pretende fazer distribuição de dividendos. São práticas aceitáveis, contanto que tudo isso esteja na mesa antes de fechar a negociação.

A liquidez a curto ou médio prazo para o fundador pode ser um desafio. No Méliuz, tivemos essas dificuldades e por muito tempo a empresa gerou caixa, mas mesmo assim não conseguíamos distribuir lucro para os sócios. Acertar essas cláusulas e ter tudo bem definido ajuda os fundadores a ficarem mais tranquilos em relação à liquidez.

Muita atenção aos termos do investimento

A dica mais relevante talvez seja sobre a *liquidation preference*, cláusula que protege o investidor no caso da empresa ser vendida ou parcialmente adquirida por um preço mais baixo do que o *valuation*.

Por exemplo: um investidor colocou 10 milhões de reais e ficou com um percentual de 10% de uma empresa que foi avaliada em 100 milhões de reais. Os 90% restantes ficaram com o fundador da empresa. Eis que surge uma oportunidade de vender a empresa por 20 milhões de reais.

Baseado na participação de todos, o fundador da empresa poderia ficar com 18 milhões de reais e o investidor com 2 milhões. Porém, dependendo da cláusula de *liquidation preference* fechada na rodada de investimento, o investidor pode ter direito a, no mínimo, os 10 milhões de reais que injetou. Dessa maneira, o empreendedor fundador teria direito aos 10 milhões restantes, embora isso só represente 50% do valor acertado pela venda. Existem casos em que a *liquidation preference* estipula que o valor mínimo recebido pelo investidor precisar ser duas ou três vezes maior do que o valor investido. Percebe o quão problemática essa cláusula pode ser? Se esse fosse o acordo no exemplo acima, por exemplo, o sócio fundador não receberia nada se vendesse a sua companhia por 20 milhões de reais, mesmo tendo 90% das ações.

Assim, antes de fechar os investimentos, é preciso olhar os termos com muito cuidado, checando cada parágrafo da proposta, e não se deixar deslumbrar pelo *valuation*. Isso evitará que você se coloque em uma possível enrascada no futuro.

Às vezes você não precisa de dinheiro de fora

Fácil falar e difícil cumprir, mas se a sua empresa está crescendo de maneira orgânica, fazendo caixa e aumentando de tamanho a cada ano, pense e repense se faz sentido captar algum tipo de investimento. Talvez seja melhor continuar crescendo aos poucos com as próprias pernas e, no futuro, pensar em ter uma oferta pública inicial (IPO).[20]

Um dos casos mais memoráveis de grandes empresas que escalaram o negócio sem investimentos foi o MailChimp, que em 2019 chegou a incríveis 700 milhões de dólares de faturamento[21] – tudo isso sem nenhuma rodada de investimento e dizendo não para todas as propostas de compra. Isso aconteceu porque eles criaram um modelo de vendas sustentável e não viram necessidade de dinheiro de fora.

Busque investimentos apenas se realmente acreditar que o capital será importante para dar um passo que você não conseguiria dar com as próprias pernas.

---

20 IPO é um tipo de oferta pública na qual as ações de uma empresa são vendidas ao público pela primeira vez.

21 LUNDEN, I. Mailchimp expands from email to full marketing platform, says it will make $700M in 2019. **TechCrunch**, São Francisco, EUA, 13 maio 2019. Disponível em: https://techcrunch.com/2019/05/13/mailchimp-expands-from-email-to-full-marketing-platform-says-it-will-make-700m-in-2019/. Acesso em: 5 fev. 2021.

QUANTO MENOS VOCÊ PRECISAR DOS RECURSOS, MAIOR A CHANCE DE CONSEGUI-LOS.

// **CAPÍTULO**

AS DORES DO CRESCIMENTO

SISTEMAS DE GESTÃO	170
PROBLEMAS COM CLIENTES	173
PLANEJAMENTO ESTRATÉGICO	176
DIVERSÃO ATÉ DEMAIS	178
COMUNICAÇÃO E ORGANIZAÇÃO	180
ORGANOGRAMA	184
SALÁRIOS	187
ESCALAR O TIME DE ENGENHARIA	190
A FASE ADULTA	195

Crescer dói.

As dores do crescimento são várias, mas existe um aumento exponencial de problemas: quanto maior a sua empresa estiver, mais problemas vai ter para lidar – e mais complexos eles serão. Para os empreendedores, dói. Para os funcionários vai doer mais ainda. E explicaremos o porquê. O mais importante é colocar na cabeça que problemas decorrentes do **crescimento são inevitáveis**. Processos vão mudar e o jeito de trabalhar pode ser diferente, mas a empresa precisa deixar a fase adolescente para virar adulta.

Esse amadurecimento passa por todos os aspectos do negócio. Cada área sofre reformulações e a startup como um todo age diferente. Um bom exemplo é o horário do almoço: quando éramos apenas doze pessoas no Méliuz, costumávamos sair todos juntos para almoçar e sentar em uma só mesa. Hoje, com 150 pessoas, isso não é mais possível. Se antes todos riam da mesma piada e a troca era mais intensa, hoje isso não acontece da mesma maneira.

Assim, a mesa com doze pessoas é apenas uma analogia para a empresa como um todo: antes, processos poderiam ser menos burocráticos e a falta de organização acabava fazendo parte do dia a dia. Com o crescimento, muita coisa precisou mudar. Sistemas de gestão, atendimento a clientes, planejamento estratégico, gestão de pessoas, comunicação, organograma, escalabilidade do time de engenharia, gestão de salários... Enfim, quase todas as áreas e/ou processos se viram obrigados a se reinventarem e/ou se reorganizarem. E este capítulo conta como conduzimos esses diversos temas durante o nosso crescimento.

Sistemas de gestão

Até 2014, o Méliuz tinha menos de vinte pessoas no time, e acreditávamos que cada um sabia seu papel na empresa e que todos estavam dando seu melhor, pensando no bem da empresa. Quando o Lucas chegou, trazendo consigo sua experiência da Ambev – que, na nossa opinião, talvez seja uma das melhores empresas do Brasil no quesito gestão –, achou que o time do Méliuz estava muito "solto". Isso é, algumas pessoas não sabiam o que a gente esperava delas em termos de resultado. Outras estavam trabalhando e gastando energia com atividades que não eram prioritárias. O próprio crescimento orgânico do Méliuz colocava todos os funcionários na zona de conforto. Poucos estavam dando raça para conseguir um resultado extraordinário.

Lucas chamou Israel e mostrou que era preciso definir metas para o Méliuz, e depois disso, desdobrá-las para o time. As metas do Méliuz ajudariam a equipe a entender para onde queríamos ir, enquanto as metas individuais ajudariam cada pessoa a entender qual seria o seu papel na jornada. Além disso, metas ousadas colaborariam para tirar todos da zona de conforto e levar o Méliuz a um novo patamar.

Pois bem, nós dois reunimos o time inteiro na sala do apartamento em agosto de 2014 e mostramos as metas da empresa. Naquela época o Méliuz costumava abrir 20 mil novas contas por mês. A meta de setembro seria de 40 mil, a de outubro 80 mil e a de novembro 160 mil. Estávamos muito empolgados, mas a reação do time não foi a que esperávamos. A maioria torceu a cara e não botou fé que aquelas metas eram atingíveis. Ficamos parecendo dois malucos sonhadores.

Com base naquela meta coletiva, desdobramos as individuais para o time e todo mundo começou o mês de setembro sabendo exatamente o que precisava entregar para o Méliuz alcançar sua meta. Já sabíamos como abrir 20 mil contas, mas onde conseguiríamos as outras 20 mil que precisávamos para bater a meta? Começamos a pensar e a testar várias estratégias. Na época, pouco se falava de influenciadores, mas a gente resolveu testar. O Ofli, mesmo sendo CFO, mostrou uma raça absurda e fechou com várias blogueiras — isso mesmo, blogueiras. Elas eram as influenciadoras da época, não havia fama no Instagram ou no YouTube ainda. Cada pessoa foi dando sua contribuição e, faltando apenas um dia para terminar setembro, batemos a meta!

Com isso o time ficou super empolgado, certo? Errado. Algumas pessoas chamaram o Lucas em um dos quartos do apartamento e falaram: "Você viu que a gente mostrou uma raça absurda e mesmo assim só conseguimos bater a meta de 40 mil contas faltando um dia para o mês acabar. Será impossível batermos a meta de 80 mil contas em outubro". Lucas ouviu atentamente e, com a maior tranquilidade e confiança do mundo, respondeu: "Já sabemos como abrir 40 mil contas por mês, agora só precisamos descobrir como vamos abrir as outras 40 mil. Conto com vocês! Bora trabalhar porque não temos tempo a perder e nada é impossível!".

Faltando três dias para outubro acabar, o time havia batido a meta. O mais incrível foi que, dessa vez, a equipe virou o mês acreditando que a meta de 160 mil contas de novembro era atingível, além de estar muito empolgada para lutar por ela. Novembro terminou com o time celebrando a melhor Black Friday da história e a meta alcançada. O Méliuz havia mudado de patamar.

O sistema de metas havia ajudado muito, mas tinha limitações para uma empresa de tecnologia. Se para áreas de marketing e comercial era muito simples definir metas, para a área de tecnologia nem tanto. Como avaliar o desempenho de um programador? Como definir metas que fizessem sentido para o time de tecnologia? Como as grandes empresas de tecnologia, como Google e Amazon, geriam o próprio time? Foi com essas dúvidas que começamos a pesquisar e conhecemos o sistema de gestão OKR (*Objetives and Key Results*).

Precisaríamos de um livro inteiro para explicar como ele funciona, como aplicá-lo e qual a sua importância. Como esse não é o nosso objetivo aqui, recomendamos que leia o livro *Avalie o que importa*, do John Doerr,[22] que além de autor da obra, foi o responsável por ajudar a implantar o OKR no Google.

O OKR permitiu mais flexibilidade a nossa definição de meta e nos entregou mais velocidade, já que eram trimestrais, e não anuais, e assim tínhamos condições

---

22 DOERR, J. **Avalie o que importa:** como Google, Bono Vox e a Fundação Gates sacudiram o mundo com os OKRs. Rio de Janeiro: Alta Books, 2019.

de corrigir a rota sempre que achávamos necessário. Além disso, ficamos ainda mais ousados na definição dos nossos objetivos e começamos a aceitar correr mais riscos. Por fim, o time de engenharia começou a ter objetivos mais claros para entregar durante o trimestre, e não uma meta distante do seu dia a dia.

Mas nem tudo são flores, e enfrentamos certa resistência por parte do time. Uma das dificuldades em crescer é justamente mexer com o dia a dia de um funcionário que está na zona de conforto. Até então o time de engenharia usava Scrum e Kanban, que são ótimas ferramentas de gerenciamento, mas que não conseguiam deixar claro quem do time estava indo muito bem e quem não estava dando o seu melhor. Com o OKR, essas contribuições individuais ficaram muito claras.

Por conta disso, acabamos desligando algumas pessoas e promovendo outras. No curto prazo, isso sempre gera um desconforto, mas no decorrer do tempo o time percebe que começa a entregar muito mais quando todos os funcionários estão comprometidos, e não apenas uma parte deles. Já falamos isso, mas vale reforçar: nenhum empreendedor gosta de demitir pessoas. É uma m*rda. Você sabe como aquilo vai impactar a vida da pessoa, e dói ver a reação de tristeza dela e do time. Mas se você não tiver estômago para tomar decisões difíceis como essa pelo bem da sua empresa e do restante do seu time, não deveria nem pensar em empreender.

AS DORES DO CRESCIMENTO

Problemas com clientes

A ideia de ter uma empresa com um bom produto para o usuário final era um dos nossos lemas – tanto que é algo presente em nossa cultura. Sabemos que problemas vão acontecer, mas quando as reclamações chegam, de fato, é impactante para o empreendedor, principalmente se a empresa ainda está no começo.

No final de 2011 e no começo de 2012, recebemos as nossas primeiras reclamações no Reclame Aqui. Foi um desespero. Israel e Ofli pensaram: *Temos uma reclamação pública que qualquer pessoa pode ver. O que faremos?*

O Ofli, então, respondeu a esse consumidor. Por ser o cara com mais razão, enquanto o Israel era mais emoção, ele continuou respondendo às reclamações futuras. Comentários no Reclame Aqui não pararam – e nunca vão parar. O que mudou foi como encaramos o que recebemos atualmente: passamos a olhar de maneira inteligente, extraindo informações importantes para que seja possível resolver os problemas pela raiz. As reclamações serviram (e ainda servem) de insumo para melhorias nos produtos.

Em 2015, sentimos uma extrema necessidade de mudança no Méliuz, já que, com o aumento drástico no número de usuários, as reclamações aumentavam de forma equivalente e havia uma demanda muito alta para o time de *customer success*, que faz o atendimento ao usuário.

No entanto, percebemos que, naquele ritmo de crescimento, em pouco tempo metade da equipe do Méliuz seria de atendimento ao usuário. Em startups, o ideal é que a receita cresça de maneira exponencial, mas os custos não – ou todo o negócio deixa de fazer sentido.

A solução a que chegamos foi utilizar tecnologia e automação para ajudar os atendentes a serem mais produtivos. Muitas vezes, empresas jovens acabam achando que, com uma demanda crescente, o certo a se fazer é contratar mais gente, mas nem sempre esse é o melhor caminho.

No caso, utilizamos tecnologia criada dentro do próprio Méliuz para que o funcionário pudesse resolver mais chamados de atendimento de forma mais eficiente e automatizada. Hoje temos vinte vezes mais chamados do que em 2015, mas o nosso time de atendimento ao consumidor é quase do mesmo tamanho.

EM STARTUPS, O IDEAL É QUE A RECEITA CRESÇA DE MANEIRA EXPONENCIAL, MAS OS CUSTOS NÃO - OU TODO O NEGÓCIO DEIXA DE FAZER SENTIDO.

Planejamento estratégico

No fim de 2016, fizemos um planejamento bem mais ou menos para o ano de 2017 do Méliuz. Só que havia um Projeto Guerra no meio do caminho, que modificou tudo o que havíamos pensado. Foi um caos, como você se lembra. Todos falavam línguas diferentes dentro da empresa e recebemos reclamações de todos os lados – do gerente ao estagiário.

Em 2018, resolvemos pedir a ajuda da Endeavor para que fosse possível fazer um planejamento anual melhor. Queríamos acabar com a sensação que existia entre os sócios de que, quando a empresa crescia, as áreas não conversavam mais – o marketing achava que o projeto mais importante era um, os programadores achavam que era outro, e assim por diante.

Pela primeira vez, fizemos um planejamento bem feito. Reunimos os principais líderes da empresa e, em um trabalho árduo que durou dois longos e cansativos dias, conseguimos fechar os pontos.

Não foi exatamente uma reunião, mas uma dinâmica, praticamente um *offsite*. O mais complicado foi definir metas, números que queríamos chegar, qual seria a principal métrica para as metas. E nesse sentido, é natural que surjam alguns conflitos. Foi o que aconteceu, porém saímos com a sensação de dever cumprido.

Uma das lições de 2017 e do planejamento feito para o ano seguinte foi sobre aumentar o time rápido demais – algo que aconteceu durante o Projeto Guerra. Às vezes, o empreendedor pensa que, por ter recebido um investimento significativo, precisa contratar muita gente, e que só assim vai conseguir escalar o negócio.

Com o tempo aprendemos que, antes de abrir uma vaga, vários aspectos devem ser levados em consideração. Você vai precisar treinar aquela pessoa. Gerir. Cuidar no dia a dia. E é mais uma pessoa que pode ficar insatisfeita. Trazer alguém para o time não é só pagar um salário. Por isso, é preciso cautela.

AS DORES DO CRESCIMENTO

No Méliuz, começamos a acompanhar uma métrica que se chama faturamento por funcionário: se a gente pensa em trazer alguém, avaliamos se aquela pessoa realmente será incremental e se agregará valor. Por exemplo, se uma empresa que tem 100 milhões de reais de faturamento com cem funcionários dobra seu time para duzentas pessoas, mas seu faturamento sobe apenas para 120 milhões de reais, talvez ela não esteja crescendo de maneira saudável. Cada nova pessoa contratada deve ser capaz de gerar um valor para empresa que, além de cobrir todos os custos associados a sua contratação, incremente o resultado que vinha sendo entregue pelo time anteriormente.

Desde que saímos do buraco do Projeto Guerra, passamos a ter uma preocupação em crescer de maneira inteligente, com responsabilidade financeira e com a equipe mais enxuta possível. Isso também é bom para o time, que não corre o risco de ver a empresa passar por apuros financeiros e vivenciar um desligamento em massa.

Diversão até demais

O Méliuz sempre foi uma empresa divertida. Todo mundo brinca com todo mundo – o estagiário brinca com o Israel, que brinca com algum gestor, que brinca com o estagiário, e a vida segue. A atmosfera é descontraída. Somos assim por natureza e sempre vamos ser. Nunca deixamos, no meio dessa alegria toda, de trabalhar duro: é a velha máxima do *"work hard, play hard"*.

Aos poucos, porém, o *play hard* começou a transparecer mais do que o *work hard*. Existem dois exemplos que definem muito bem essa época no Méliuz.

O primeiro caso aconteceu quando, em certa ocasião, uma funcionária resolveu levar o seu cachorro para o Méliuz sem avisar previamente. Ainda éramos pequenos, e simplesmente não rendemos como de costume naquele dia – depois, no fim do expediente, brincamos que não havia maturidade para trabalharmos com um cachorro ali tão perto. Então falamos para o time que não seria mais permitido levar os seus pets para o Méliuz, e recebemos no mesmo momento a seguinte devolutiva: "Estão proibindo cachorro, daqui a pouco vai ser proibido respirar". Nosso time não estava acostumado a regras, e foi um longo processo até que eles entendessem que era importante ter algumas para que nosso ambiente de trabalho não virasse uma bagunça.

O segundo exemplo diz respeito às nossas festas. Quando o Méliuz passou a ter uma sede maior, algumas festas aconteciam na empresa. E, certa vez, na manhã seguinte a uma dessas celebrações, o Israel se deparou com um cenário de caos ao chegar no trabalho. O elevador nem fechava direito por causa das garrafas de cerveja quebradas; o controle do ar-condicionado estava no térreo, jogado do sétimo andar; um microfone de karaokê estava quebrado no meio do escritório.

Resumindo, um caos completo.

AS DORES DO CRESCIMENTO

Como não existia nenhum tipo de regra ou limite imposto por nós, aquilo virou uma bola de neve – e, por nossa culpa, as coisas passaram do limite. Todos da empresa pareciam adolescentes e já estávamos de um tamanho que exigia a postura de uma empresa adulta.

Sabíamos que seria doloroso. Quando você chega para um adolescente que jamais recebeu nenhum tipo de limite e impõe regras, dizendo que ele não vai mais poder farrear todos os dias, é esperado algum tipo de reclamação. Então, criamos e definimos um manual de conduta a ser seguido por todos da empresa. Algumas normas pareciam óbvias, mas para parte do time não eram tanto assim, por exemplo: "Nos ambientes de trabalho, evite gritar e ficar fazendo barulho. Lembre-se de que o espaço de trabalho é compartilhado e outros companheiros estão desenvolvendo suas atividades profissionais".

Parece óbvio, mas o Lucas havia passado por situações em que, tentando trabalhar, duas funcionárias conversaram sobre novelas durante meia hora ininterruptamente. E não nos entenda mal, existe uma sala de descompressão para que o funcionário possa relaxar e falar sobre o assunto que for, mas não era ali o local correto.

Criar essas limitações foi importantíssimo. Deixamos claras quais eram as expectativas e que não aceitaríamos comportamentos pouco profissionais – até na hora da diversão havia limites.

Uma das perguntas que muita gente nos faz quando contamos essa história é: mas isso não vai contra a cultura da empresa? Na verdade, não. Se você for lá no capítulo em que falamos sobre cultura, vai ver que não tem nenhum item sobre festas malucas, conversas fora de hora e cachorros. Temos o ganha-ganha-ganha, equipe fora da curva, espírito empreendedor e, no ponto da cultura grande família, falamos que queremos um ambiente em que o time se sinta bem, mas não há nada ali que fale em deixar a empresa uma completa bagunça.

Comunicação e organização

Um dos maiores desafios quando uma empresa está crescendo é a comunicação. Em 2013, quando o Méliuz tinha dez funcionários, o Israel ficava sabendo de tudo – e todos ficavam sabendo que rumo a empresa estava tomando. Era tudo 100% fluido.

Com o tempo e com o crescimento, parte da empresa acabou se distanciando, mesmo que de maneira não intencional. O CEO e diretores ficam mais longe do time do dia a dia, as áreas passam a não conversar mais entre si... e tudo isso pode parecer natural.

A realidade é que, quando você está com trinta pessoas no time, até é possível lidar com a desorganização e com a falta de comunicação e levar numa boa. À medida que crescemos, percebemos como aquilo era extremamente danoso.

E foi assim que, depois de algum tempo, percebemos que o método de trabalho estava colocando a empresa e o nosso crescimento em risco. Aos poucos, vimos que os projetos não estavam andando, ou andavam e paravam no meio. Sem organização e comunicação, o time perdeu a capacidade de entregar projetos com fluidez. Quando um projeto era lançado, o time de atendimento só ficava sabendo quando tinha reclamações. O time de marketing estava fazendo campanhas e o de tecnologia não se preparava para receber a quantidade de acessos porque só ficava sabendo da divulgação quando o site já tinha caído. A falta de entrosamento era quase palpável, e o déficit de comunicação entre áreas também. O resultado, além de projetos estacionados, eram funcionários insatisfeitos.

Então, mesmo com a empresa crescendo bastante durante o período de caos, resolvemos nos organizar. Reunimos a empresa inteira no Jogo Aberto, como comentamos anteriormente, e o Lucas se vestiu de morte. Ali, declarou que morria o "pau quebrando e a confusão". A gente amava usar essa expressão para descrever a "correria" para entregar projetos e bater nossas metas. Porém, após aquele encontro, queríamos deixar claro que não veríamos mais isso como positivo. Queríamos uma empresa organizada e com fluidez entre as áreas. Da noite para o dia, o Méliuz passou a se esforçar para ter processos mais alinhados e organizados.

Uma outra iniciativa foi o *Bizarro Times*, um jornal semanal em forma de e-mail que conta para a empresa tudo o que está acontecendo. Ele é dividido em algumas seções e está organizado da seguinte maneira: no topo, a atualização com os resultados meta-mãe que a empresa inteira precisa perseguir. Em seguida, principais iniciativas do time que estão contribuindo para atingir essa meta-mãe. Depois, novidades relacionadas ao time. Temos também um espaço chamado "Elogie aqui", no qual as pessoas podem enviar elogios para outros funcionários, dos seus respectivos times ou de outras áreas, para agradecer pelo bom trabalho e fazer um reconhecimento. Isso é importante porque, em uma empresa maior, é difícil para o Israel, por exemplo, ficar sabendo sobre o bom trabalho que um estagiário está desempenhando. Também gostamos de colocar algo relacionado a um tema externo que consideramos relevante, por exemplo, mês do Orgulho LGBT+, campanha de covid-19 ou outro ponto importante. Por último, uma área para colocar informações mais pessoais dos funcionários, como aniversários, férias, novos colaboradores etc.

Por fim, criamos uma reunião quinzenal com líderes de todas as áreas. As primeiras foram caóticas e nunca conseguimos terminar no horário. Porém, com o tempo, as arestas foram aparadas, os times se alinharam e voltamos a falar a mesma língua.

Em 2019, sentimos que a reunião quinzenal dos gestores não estava dando conta de resolver alguns tipos de problemas complexos. Criamos, então, a reunião semanal de Desbloqueio, onde só os diretores participam, e destravamos gargalos que estão impedindo o time de atingir suas metas. Geralmente acontecem quando duas áreas têm opiniões opostas sobre como lidar com um problema. Por exemplo, o time de produto quer implementar uma funcionalidade que vai melhorar a experiência do usuário, porém isso pode ter um impacto gigante na meta de novas contas do time de *growth*. Não existe certo ou errado, é só uma questão de definir o que é prioritário e mais alinhado à estratégia de longo prazo da empresa.

Não temos aqui uma fórmula mágica ou manual de como resolver problemas de comunicação na sua empresa. As soluções que criamos no Méliuz podem não funcionar no seu negócio. O importante é saber que os problemas de comunicação vão existir sempre, e toda vez que você crescer, processos que funcionavam até então podem quebrar e será preciso criar novos. Mas não ignore esse problema! Ele não vai se resolver sozinho. Se você não ficar sempre atento e preocupado em resolver esses ruídos de comunicação, eles ficarão ainda maiores e sua empresa vai virar uma torre de Babel.

NÃO EXISTE CERTO OU ERRADO, É SÓ UMA QUESTÃO DE DEFINIR O QUE É PRIORITÁRIO E MAIS ALINHADO À ESTRATÉGIA DE LONGO PRAZO DA EMPRESA.

Organograma

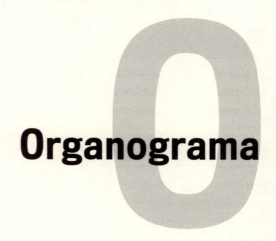

Quem é gestor de quem em uma startup? É importante delimitar quais são as funções de cada sócio.

Nesse sentido, Israel e Ofli conseguiram dividir o que cada um faria desde o começo. Enquanto o Israel cuidava mais do produto e do marketing, o Ofli lidava com o administrativo, financeiro e atendimento ao cliente. Com o tempo, o Israel absorveu outras tarefas e acabou se tornando CEO do Méliuz de maneira natural.

No Méliuz também nunca houve nenhum tipo de intromissão de ego na hora de decidir quem iria liderar a empresa. Ofli sempre entendeu muito bem a diferença entre organograma e a sua participação na sociedade como acionista – coisas completamente diferentes.

Na Solo Investimentos os dois sofreram com a falta de um organograma e das diferenças entre sociedade e os cargos executivos. O resultado foi uma série de problemas para a empresa. Além de os sócios não terem a mesma cultura, cada um tinha um sonho diferente. Resultado: as decisões demoravam e não eram otimizadas.

Com o crescimento do Méliuz, algumas mudanças no organograma da empresa foram feitas. Assim que Lucas entrou (sem cargo, embora respondesse para Israel), teve liberdade para olhar o que poderia ser melhorado em todas as áreas da companhia. A transição entre as áreas foi boa para ele, pois pôde entender as dores de todas elas. Depois de um tempo, o time ficou confuso em relação à qual era a posição do Lucas na empresa. Descobrimos, então, o cargo de COO: *chief operating officer*, responsável pela operação. A lição que ficou é que, quando a empresa está bem no começo, ter flexibilidade pode ser boa pedida.

Ao crescer, é preciso deixar claro quem é gestor de quem. Uma regra básica é: todo mundo deve ter apenas um gestor e saber quem é ele. Apesar de

AS DORES DO CRESCIMENTO

básico, muitas empresas erram nisso, deixando pessoas soltas ou respondendo para dois gestores ao mesmo tempo. Em startups, o erro mais comum acontece quando os fundadores não decidem quem é o CEO.

Agora vamos pular para 2017. Naquele ano, o organograma mudou: iniciamos com **nove** pessoas respondendo diretamente para o Israel. Alguns diretores, outros gerentes e até coordenadores reportando diretamente para o CEO. Nove pessoas que Israel precisava acompanhar, dar feedback, cuidar etc. Sabíamos que aquilo deveria ser temporário e ele começou a planejar quais seriam os próximos passos para mudar o organograma. Na época, ele sentia que os gerentes não estavam prontos para uma estrutura diferente daquela.

Mesmo sendo um *gestor mão na massa*, receber relatórios de tantas pessoas era uma sobrecarga. Então, durante um ano, Israel trabalhou para se preparar para uma nova estrutura, com quatro pessoas de diretoria respondendo diretamente para ele.

Esse processo foi longo e árduo por alguns motivos. Primeiro porque precisava treinar as pessoas para que pudessem trabalhar com esse novo organograma. Segundo porque, segundo esse novo modelo, pessoas iam deixar de responder diretamente para ele. Para alguns, isso poderia ser encarado como um rebaixamento. No entanto, era exatamente a mesma função, mas a gestão seria feita por outra pessoa.

Das nove pessoas, vale destacar dois casos: Leandro – na época um dos nossos maiores sócios, antigo diretor de tecnologia, e atuando como *head* de *business intelligence* –, deixaria de responder para o Israel e passaria a responder para o André, diretor de estratégia. Além disso, o Maia, *head* de design, começaria a responder para o nosso diretor de produtos, Arilo. Ao conversar com ambos e explicar que não seria um *downgrade*, os funcionários entenderam qual era o objetivo maior desse movimento.

A transição foi feita de forma suave, com o Israel fazendo um enorme esforço para ter mais contato direto com algumas pessoas e times específicos. Na base do alinhamento e na gestão cautelosa, foi possível chegar ao atual organograma, que tem funcionado para todos.

Vale ressaltar: gostamos de olhar para o organograma em todos os trimestres. Analisamos possíveis gargalos, pontos de melhoria e como ajustar a eficiência. A empresa pede a dinâmica e, se for necessário, não hesitamos em modificar o organograma.

Exceções podem existir entre os CEOs, claro. Um exemplo é Martín Migoya, CEO da Globant, que hoje vale 6,5 bilhões de dólares.[23] Em uma mentoria com o Israel, ele explicou que, no organograma da Globant, dezesseis pessoas respondem diretamente para ele, e ele gosta disso. E melhor ainda: para ele **funciona** desse jeito. Embora seja exceção, fica a ressalva de que, às vezes, o modelo que funciona para o Méliuz pode não dar certo para outro empreendedor, embora haja um consenso de que, geralmente, trabalhar com menos relatórios diretos é uma maneira mais fácil de organizar o organograma.

---

23 O UNICÓRNIO latino da moda em NY vale R$ 30 bi – e não é o Mercado Livre. **Exame**, 12 jul. 2020. Disponível em: https://exame.com/negocios/o-unicornio-latino-da-moda-em-ny-vale-r- -30-bi-e-nao-e-o-mercado-livre/#:~:text=Uma%20das%20estrat%C3%A9gias%20para%20crescer,- como%20Harvard%2C%20MIT%20e%20Stanford. Acesso em: 5 mar. 2021.

AS DORES DO CRESCIMENTO

Salários

Quando o Méliuz era pequeno, não havia condição de pagar um salário compatível com o mercado para o time, muito menos para os sócios. Isso acontece na maior parte das startups que estão começando e o motivo é simples: não existe dinheiro para isso. Tente criar uma startup e pagar salários compatíveis com grandes empresas logo de início, e você verá sua empresa acabar antes mesmo de começar a dar certo.

Com o tempo, fomos crescendo e oferecendo reajustes salariais, mas muito mais baseados no "achismo" do que em uma tabela organizada de remuneração.

Quando havia cerca de oitenta funcionários na empresa, vimos que existiam pessoas que desempenhavam o mesmo cargo e tinham salários diferentes. Às vezes uma pessoa entrava ganhando mais simplesmente pelo fato de que queríamos muito que ela integrasse o time. Só que tinha gente no Méliuz há mais tempo, com o mesmo cargo, que acabava recebendo menos.

Não demorou muito para que começássemos a perder pessoas importantes do time pelos problemas de salário. E quando falamos sobre remuneração, há dois tipos de problema: 1) o salário que a sua empresa está pagando comparado com o mercado; e 2) a diferença de salários dentro da própria corporação.

Até que nossa *head* de RH chegou para nós e disse: "Já passou da hora de arrumarmos tudo isso. Precisamos de uma consultoria".

Dito e feito. Contratamos uma consultoria – que fez um excelente trabalho – para que fosse possível ajustar a remuneração dos funcionários. Demorou cerca de seis meses no total e, ao ver todas as distorções, fizemos um Jogo Aberto para falar sobre essa nova configuração. Fomos sinceros e transparentes com o time. Não havia dinheiro suficiente para que fechássemos todos os *gaps* de salário, então a correção se deu aos poucos. Depois de dois anos, os salários estavam equilibrados: internamente adequados em faixas salariais e competitivos de acordo com o mercado.

Como empreendedores, queremos sempre pagar o melhor salário possível para o nosso time, mas sem colocar em risco a saúde financeira da empresa. A questão é que, assim como em outras áreas do negócio, é preciso fazer esses ajustes de maneira organizada para evitar injustiças e distorções internas — e que você perca talentos para outras empresas do mercado.

COMO EMPREENDEDORES, QUEREMOS SEMPRE PAGAR O MELHOR SALÁRIO POSSÍVEL PARA O NOSSO TIME, MAS SEM COLOCAR EM RISCO A SAÚDE FINANCEIRA DA EMPRESA.

EMPREENDER: A ARTE DE SE F*DER TODOS OS DIAS E NÃO DESISTIR

Escalar o time de engenharia

O ano era 2016. O Méliuz crescia a cada trimestre e a demanda aumentava proporcionalmente, e um dos nossos desafios era contratar mais programadores. Nosso processo seletivo era – e é – rígido. Logo, vagas ficavam abertas por quatro ou cinco meses. Nessa época também, o Méliuz estava começando a operar no mundo físico, em supermercados. Recebíamos milhões e milhões em dados de transações, produtos e usuários comprando nas lojas parceiras. Os dados têm informações ricas, porém sem o time apropriado, não seria possível utilizá-los da maneira ideal.

Um dos nossos funcionários se chamava Berthier Ribeiro. O pai dele (que possui o mesmo nome) é referência na área da programação: foi um dos fundadores da Akwan, empresa mineira vendida para o Google – onde trabalha atualmente. Ele vendeu a empresa para o Google em 2005, quando poucas startups tinham *exits* (ou então *saída*, que é a venda de uma empresa). Diretor do escritório do Google em Belo Horizonte, um dos poucos do mundo em que há autonomia para mexer no algoritmo da plataforma, Berthier, o pai, nos auxiliou com uma mentoria para ajudar a encontrar novos engenheiros.

Explicamos todo o contexto da situação para Berthier. O desafio era achar alguém que pudesse ajudar nessas contratações e que tivesse pleno conhecimento da área. Ele logo respondeu: "Tenho uma notícia boa e uma ruim para vocês. A boa é que sei quem indicar, a ruim é que essa pessoa está em Manaus. E acho difícil ela topar vir para Belo Horizonte".

Só que nada é impossível, lembra?

Embarcamos para Manaus com a missão de trazer essa contratação na bagagem. Chegando lá, a expectativa era dupla: conhecer o professor Edleno Silva e provar a famosa costela de tambaqui de Manaus. Edleno havia sido CTO na

AS DORES DO CRESCIMENTO

Akwan, mas quando a empresa foi vendida para o Google, resolveu voltar para Manaus e contribuir para a melhoria do curso de graduação, mestrado e doutorado da Universidade Federal do Amazonas (UFAM), em vez de ser funcionário na gigante de tecnologia americana.

O papo com o Edleno foi franco e direto. Entre uma garfada e outra da costela de Tambaqui, conversamos sobre aspirações, sonhos e ideias. Em certo momento, perguntamos: "Edleno, qual é o seu sonho?". Ele respondeu: "Quero construir uma empresa de 1 bilhão de dólares em Manaus". E não era pelo dinheiro. O bilhão era somente uma métrica de valor, o sonho dele era criar um ecossistema de tecnologia em Manaus e isso seria simbolizado pela empresa com esse *valuation*. Ele queria comprovar que conseguia fazer algo ali, na capital do Amazonas.

E ele já estava construindo, aos poucos, esse sonho. Tinha acabado de vender uma startup chamada Neemu, criada em conjunto com alunos da UFAM. Humilde, ele rebateu com a mesma pergunta: "E vocês, qual é o sonho que têm?". Respondemos: "Queremos construir uma empresa para comprar outras que valem 1 bilhão de dólares".

Edleno arregalou os olhos e disse: "É, o sonho de vocês é maior do que o meu. Como podemos fazer isso juntos?". Em pouco tempo, ele se identificou com a nossa cultura. Falamos da ideia que tínhamos para escalar o time de engenharia e ele logo disse: "Vocês querem que eu vá para Belo Horizonte, certo?". Respondemos que sim, ele seria essencial para montar a operação.

A ideia dele foi diferente: sugeriu que criássemos um time de tecnologia em Manaus. Ele conhecia os melhores alunos e profissionais – pessoas que poderiam atender a demanda e entregar com muita raça.

Fomos para Manaus na segunda-feira e o voo de volta seria na terça. Nos olhamos e já sabíamos que seria necessário remarcar a passagem de volta. Precisamos ir ao shopping comprar roupas para ficar o resto da semana.

Edleno nos levou até a UFAM, onde conhecemos outros dois professores incríveis, Altigran e Arilo, que se tornaram nossos sócios também. O primeiro foi descrito por Berthier como "muito, muito, muito bom". Já o Arilo tinha a energia e empolgação de que precisávamos para liderar nosso time de tecnologia em Manaus. E ele acabou abrindo mão da carreira acadêmica como professor de doutorado e da estabilidade como funcionário público para empreender conosco como CPO do Méliuz.

"QUEREMOS CONSTRUIR UMA EMPRESA PARA COMPRAR OUTRAS QUE VALEM 1 BILHÃO DE DÓLARES".

AS DORES DO CRESCIMENTO

Naquela mesma sala, os três professores já começaram a escrever no quadro branco o nome de vários alunos e ex-alunos de graduação, mestrado e doutorado que convidariam para compor o time de tecnologia.

Lucas, então, percebeu que tínhamos pulado uma etapa. Edleno, Altigran e Arilo ainda não conheciam a cultura do Méliuz. Portanto ele explicou detalhadamente quais eram nossos valores e que tipo de pessoas gostaríamos de ter no time. Edleno ouviu atentamente, gostou muito, e riscou um terço dos nomes que havia colocado no quadro. Pronto, os profissionais que ficaram na lista seriam o novo time do Méliuz em Manaus.

A aventura na capital amazonense pode ser resumida da seguinte maneira: um banquete de apresentações valiosas, recheado com o melhor que Manaus poderia nos oferecer, tanto a comida quanto as pessoas que conhecemos. Foram dias incríveis e proveitosos. Na bagagem, a contratação de catorze pessoas, um escritório alugado (uma casa que havia abrigado a Neemu) e um time com muito sangue nos olhos para começar a trabalhar conosco.

A sensação era de missão cumprida, mas ali começava um novo desafio: como seria possível fazer essa gestão a distância? Apesar de termos a certeza de que as pessoas contratadas estavam alinhadas à nossa cultura, a interação acabou sendo muito mais de demanda do que de troca.

Erramos muito feio na relação com o time de Manaus. No começo, esquecíamos de envolvê-lo, muitas vezes comunicando decisões e estratégias apenas para Belo Horizonte. Também erramos em relação ao escritório. Quando alugamos um espaço lá, foi improvisado. Era uma casa que, com certeza, precisava de uma reforma – enquanto nosso espaço em BH já estava reformado e era um escritório moderno, no nível de startups legais. Foi normal que o pessoal de Manaus não ficasse muito satisfeito quando via as condições de trabalho completamente diferentes.

Tudo começou a mudar quando apareceram as primeiras reclamações nas pesquisas internas. Eles não só se sentiam excluídos, mas também sentiam como se fossem terceirizados, como se não fossem parte da nossa grande família.

Mais uma vez, a montanha-russa: uma dificuldade tremenda para conseguir o ativo, mas agora parte do time estava insatisfeito. A nossa primeira solução foi escolher alguém de nossa confiança para passar um tempo em Manaus. Sua missão era integrar o time de lá com o de Belo Horizonte, e ele mandou muito bem nesse desafio. Nós dois e o Ofli também começamos a ir para a capital amazonense com mais frequência. Além disso, fizemos questão de que a troca também acontecesse com outros times. Começamos a mandar várias pessoas da equipe para Manaus e a trazer várias pessoas de lá para passar algumas semanas com a gente em BH. Já sobre o escritório, reformamos a casa, e posteriormente, montamos uma sede incrível.

Hoje, quando viajamos para visitar o time de Manaus, vemos que estamos no Méliuz. A cara é do Méliuz, o clima é do Méliuz, os profissionais são de nível Méliuz. Custou tempo, dinheiro e paciência, mas conseguimos deixar tudo muito fluido, de maneira que todos se sintam parte da grande família.

AS DORES DO CRESCIMENTO

A fase adulta

Alguns adolescentes e crianças experimentam algo chamado *dor músculoesquelética*. São dores nas pernas, braços, coluna, pescoço ou até nos ossos. Podem durar meses ou anos. As dores são inevitáveis, porque o adolescente irá crescer e se tornar adulto. Toda startup vai passar por essa fase: as dores em cada parte do corpo se equivalem a cada área da empresa que vai precisar de um novo processo, uma nova organização ou uma nova maneira de trabalhar.

A essência da empresa – a cultura – se manterá, mas o processo de crescimento suga muita energia. Levar tudo a sério é um processo muito difícil e todos irão sofrer. Entretanto, essa etapa é fundamental para sua empresa deixar de ser uma criança e se tornar adulta.

// CAPÍTULO

PROBLEMAS DE GENTE GRANDE

O FANTASMA DO PASSADO	204
AQUISIÇÕES E FUSÕES	208
LUCRATIVIDADE	211
A CRISE GLOBAL	213

Na virada de 2015 para 2016, discutíamos qual seria o melhor caminho para o Méliuz tomar nos meses seguintes. Qual seria o próximo passo? A sensação era de que a empresa ia muito bem no mercado de cashback, com uma participação de mercado bem relevante – afinal, fomos nós, lá em 2011, que começamos a desbravar esse segmento nacionalmente. Não havia mercado de cashback no Brasil antes de nós, e é uma área que, até hoje, ainda está se firmando e crescendo, inserido no chamado mercado de afiliados.

Ao fim desse papo, havia duas opções: a primeira era internacionalizar a companhia, usando o nosso *know-how* para tentar o sucesso em outro país. A segunda era olhar para o Brasil e pensar em quais tipos de negócios podíamos construir, ou seja, em quais outras áreas poderíamos entrar e aumentar a nossa presença.

Definimos que o próximo passo seria para o mundo físico. Mais especificamente, optamos por trabalhar com o varejo (supermercados e farmácias). Foi um divisor de águas na história do Méliuz. Poderíamos ter internacionalizado, mas a ideia foi manter o Brasil como ponto principal de desenvolvimento. Foi uma nova fase para a empresa.

Somos empreendedores inquietos, logo, essa necessidade de mudança veio pela acomodação. Como estávamos crescendo, entramos no piloto automático. Diversificar o negócio tornou-se essencial para que pudéssemos dar continuidade ao Méliuz. Queríamos receitas vindas de outras frentes. Na nossa cabeça, precisávamos criar novas linhas de negócio para deixar a empresa menos exposta ao risco de um único setor.

Nossa receita vinha quase toda das transações em e-commerce, e todo ano a empresa dobrava de tamanho. Para continuar crescendo em uma pegada forte e robusta, precisávamos dessas outras linhas.

Tomada a decisão de fazer negócio com redes de supermercados e farmácias, fomos atrás de possíveis parceiros. Com muito custo, Ofli e Berthier conseguiram fechar o nosso primeiro contrato, e foi dos grandes: um supermercado no sul de Minas Gerais fez um excelente acordo conosco. Começávamos a fazer contas: se somente esse cliente já renderia uma receita interessante e o Brasil conta com quinhentas redes de supermercado de tamanho similar ou maior... e se multiplicássemos o valor daquele único contrato por quinhentos?

A questão é que o nosso produto funcionava muito bem on-line – agradava o usuário –, então achávamos que a solução ia funcionar no varejo. Quebramos a cara e nosso produto não funcionou da maneira que esperávamos. No mundo on--line, lidávamos com usuários mais digitais, mas no supermercado nossos clientes eram diversos: pessoas mais velhas, desacostumadas com smartphones, precisavam baixar o aplicativo e utilizá-lo. Em geral, nosso produto não gerava uma boa experiência para o usuário e isso era péssimo.

Ademais, também enfrentávamos outro tipo de problema: não estávamos preparados para lidar com uma demanda tão grande vinda de somente um supermercado, e demorou para que entendêssemos todas as diferenças de trabalhar com o mundo físico. O varejo tem uma margem muito pequena, de cerca de 3%. Para eles, o Méliuz era caro.

Com o tempo, notamos qual era o preço que o varejista estava disposto a pagar, e ele não cobria todos os custos de tecnologia. Então, passamos anos difíceis tentando fazer mudanças no produto e na precificação, até chegar num modelo que fosse bom para nós, para os usuários e para os varejistas parceiros, ou seja, ganha-ganha-ganha.

Não foi a única vez que nos arriscamos no mundo físico e você deve lembrar bem da outra. No Projeto Guerra, apostamos no que chamamos de *local* – sorveterias, restaurantes e pequenos estabelecimentos. Foi ali que nos ferramos da maneira mais brutal. O varejo, apesar dos problemas iniciais, nos trouxe mais receita do que despesas. Já o local foi só desastre.

De todo modo, a sensação era de que sempre que tentávamos expandir nossa atuação, quebrávamos a cara e tudo desmoronava, ficávamos perdidos e não conseguíamos fazer dar certo.

PROBLEMAS DE GENTE GRANDE

Abrimos o jogo para o Marcelo Lima, nosso investidor, sócio da Monashees. Falamos sobre essa dificuldade em lançar novos negócios e ele nos deu a seguinte sugestão: "Está faltando uma pessoa para ajudá-los nessa empreitada de novas frentes de negócio. Um profissional que possa trabalhar com modelagem e números. Alguém que vai metrificar e ajudar vocês a planejar melhor antes de lançar uma linha nova. Está faltando essa peça no time".

Realmente, não tínhamos esse *know-how*. O Israel auxiliava com produto, ficando próximo do time de tecnologia, ajudando a testar oportunidades e colocando tudo no ar com rapidez e eficiência. O Ofli era a pessoa do financeiro, enquanto o Lucas tinha um foco em operações, gente e gestão. Não havia ninguém com experiência em modelagem e planejamento.

A recomendação do Marcelo foi contratarmos alguém que trabalhasse em consultoria estratégica. Ele nos ajudou e até participou de algumas entrevistas, e em uma delas nos encontramos com André Amaral, um conhecido de Belo Horizonte que trabalhava em uma dessas consultorias. Israel sempre teve certa resistência em contratar pessoas conhecidas – tanto que, antes de entrevistá-lo, Israel entrou em contato com ele para pedir indicações. Explicou o desafio que existia ali e o André retornou dizendo: "Quero entender melhor o trabalho, pois acho que eu tenho esse perfil que você precisa…".

Então, decidimos trazê-lo. Mas como contamos no capítulo sobre fazer grandes contratações com expectativas, demos um cargo abaixo do que achamos que ele tivesse potencial. A ideia era correr menos riscos.

O primeiro grande desafio dele foi justamente olhar para as nossas linhas de negócio, quais eram as possíveis oportunidades para avançarmos, e isso ele fez de maneira maravilhosa. Por exemplo, André nos ajudou nas novas modelagens de preço do varejo. Graças aos estudos conduzidos por ele e pela equipe, foi possível parar com as funcionalidades do site e do aplicativo que estavam dando muito trabalho e pouca receita. Agora sabíamos onde estávamos pisando.

O mais importante do trabalho do André foi enxergar algumas coisas que pareciam óbvias, mas, como estávamos inseridos no dia a dia do negócio, era difícil olhar de cima e encontrar alguns problemas que estavam bem ali, na nossa cara. Sabe a história do "em time que está ganhando não se mexe"? Não acreditamos nisso.

Muitos dos questionamentos do André não tinham resposta. No caso de algumas perguntas, o Israel simplesmente falava: "Porque sim. E não há motivo para que continue desse modo". Ele abriu os nossos olhos sobre a importância de mudar o tipo de esforço em vendas; em vez de focar o produto X, focar o produto Y.

Uma das frentes que o André começou a estudar mais profundamente foi a de serviços financeiros. Percebemos que o surgimento de *fintechs* e bancos digitais iniciaria uma "corrida do ouro" nesse setor, e nós queríamos "vender a picareta". Isso é, todos esses bancos e *fintechs* precisariam adquirir e reter seus usuários e essa era nossa especialidade.

Depois de muito planejamento e estudo, decidimos começar por um cartão de crédito em parceria com um banco. Como já havíamos aprendido com os erros ao lançar novas linhas de negócio, além do planejamento e estudo inicial, dessa vez começamos investindo poucos recursos, testando muito, ouvindo os usuários e melhorando o produto todo mês. O resultado foi incrível e abriu uma nova avenida de crescimento, que vem nos surpreendendo positivamente até hoje.

Para nós, porém, o principal ponto dessas histórias não é sobre lançar novas linhas de negócio, mas sobre a importância de contratar pessoas excepcionais, com expertises distintas do seu atual time, que irão agregar na maneira como você conduz seu negócio, como foi o caso do André. Mas aqui vai um alerta: de nada adiantaria contratar alguém desse nível, se você não for capaz de dar autonomia para essa pessoa executar seu trabalho. Se só a sua visão prevalecer sempre, contratar alguém excelente será jogar dinheiro fora. Assim como o Lucas teve liberdade para transitar na empresa, o André também pôde fazer esse trabalho minucioso de olhar para os nossos produtos atuais e pensar em novos.

Dar autonomia faz parte da nossa cultura. Alguns empreendedores podem querer centralizar as principais decisões e achar que estão sempre com a razão – e ainda que alguns nos falem que "precisam de um André na empresa", não estão dispostos a dar essa liberdade para a atuação dos profissionais. O fundador escuta e reconhece quando está errado? Às vezes a empresa da pessoa pode ter vários funcionários com a capacidade do André, mas se não é dada a liberdade e ele não é escutado, nada acontece.

SABE
A HISTÓRIA DO
"EM TIME QUE
ESTÁ GANHANDO
NÃO SE MEXE"?
NÃO ACREDITAMOS
NISSO.

O fantasma do passado

A Black Friday sempre foi um grande evento para o Méliuz. Antes, fazíamos festas que iam madrugada adentro, de quinta para sexta-feira. Era uma maneira de celebrar o ano e aquele evento tão importante para consumidores, lojistas e, consequentemente, para nós. Depois daqueles problemas com as festas, diminuímos as celebrações, mas o ano de 2019 parecia diferente: o time havia amadurecido, e um funcionário nos procurou para mencionar a vontade de uma festa naqueles moldes. Estava sendo o melhor ano da história do Méliuz, então topamos! Compramos comidas, bebidas e contratamos atrações para a meia-noite: em Manaus, dançarinos de Parintins; em BH, um robô com led e um dinossauro inflável. Diversão do jeito Méliuz.

O Lucas sempre dá início a contagem regressiva para sexta-feira – e a quinta já traz um tráfego alto no site, mas o dia que bomba mesmo é sexta, principalmente nas primeiras horas da madrugada. Por isso, sempre fazemos a contagem.

O dia virou. Comemoramos.

Temos um drink típico do Méliuz chamado "cabeça de gelo", que tem energético, gelo e catuaba. A bebida é feita no balde e bebemos de dentro dele, em um clima bem universitário. De longe, Lucas viu que alguns engenheiros estavam focados em suas mesas – e isso faz parte, pois eles precisam acompanhar os números e se certificar de que estava tudo certo.

Lucas resolveu levar a bebida até a mesa porque eles faziam parte daquela celebração. Chegando ali, enquanto um bebia, outro notou algo estranho na tela de TV que estavam monitorando: "O que é aquilo ali?". *Aquilo*, no caso, era o nosso tráfego caindo. Muito. Barrinhas verdes começaram a ficar vermelhas e um deles arregalou os olhos e disse: "C*ralho!! Acho que o site caiu!".

PROBLEMAS DE GENTE GRANDE

E havia, de fato, caído. Era o auge das vendas, e bateu um desespero tremendo. O site já havia caído outras vezes, mas normalmente o problema era resolvido em, no máximo, uma hora.

Naquele dia, entretanto, deu uma da manhã e o site não havia voltado. Uma e meia e nada. Até que às duas o site voltou. Depois de cinco minutos, porém, caiu de novo. Passaram mais horas. Duas e meia. Três da manhã. Lá pelas quatro da manhã, finalmente, o site voltou ao ar e não caiu mais – mas aí o clima já não era de festa, e sim de preocupação e angústia, pois, na Black Friday, as três primeiras horas são muito fortes em vendas. Não demorou para recebermos uma enxurrada de críticas e reclamações de nossos usuários nas redes sociais. Foi uma madrugada muito complicada, talvez a mais difícil da nossa vida no Méliuz.

Fomos dormir às cinco da manhã. Acordamos duas horas depois e o site estava no ar. Ufa. Israel lembra que, logo antes de entrar no banho, ainda pela manhã, o tráfego só subia. Voltou do banho e os visitantes começaram a diminuir e diminuir, até que o site caiu. O desespero voltou e não conseguíamos de jeito nenhum identificar qual era o problema.

Mais horas passando. A cada volta no relógio, um minuto de receita perdido. Cada segundo fora do ar doía e o desespero só aumentava.

A manhã virou tarde: já eram 14h e nada de o site voltar.

Só às 15h conseguimos identificar o real motivo das quedas. Fizemos modificações, tiramos alguns dos causadores do problema, mexemos nas aplicações e, enfim, o site aguentou.

Olhando os números, foi uma das melhores Black Fridays da nossa história. Mas quando pensamos no tempo que ficamos fora do ar, justamente nas horas mais quentes de vendas, o gosto era amargo. Fomos impactados financeiramente, mas a maior dor foi psicológica. Poderia ter sido um episódio épico de maneira positiva, porém aconteceu o contrário.

Vocês devem estar se perguntando: "O que aconteceu com o time de engenharia?". Eles estavam conosco. Sentiam tristeza e vergonha. Naquele momento, empreendedores poderiam pensar em cortar cabeças, mas a primeira coisa que fizemos foi entender que, em um erro daquela magnitude, a responsabilidade é nossa. Ninguém seria demitido.

Na semana seguinte, criamos um comitê liderado pelo Leandro, que havia sido nosso diretor de tecnologia até 2016, para identificar o transtorno. O objetivo não era achar culpados, mas o problema. Demos a garantia de que o time poderia ficar à vontade para ajudar e ser transparente ao apontar os principais motivos causadores do desastre, porque ninguém seria desligado. Todos responderam muito bem e entenderam que iríamos passar por aquilo como uma família.

Após uma apuração, descobrimos que o motivo da queda do site eram sistemas legados que haviam sido mantidos nas nossas aplicações, às vezes sem necessidade, às vezes sem os devidos ajustes necessários exigidos pelo passar do tempo e aumento da escala do negócio. É como se você estivesse construindo um prédio e, ao fazer o segundo andar, não reforçasse o primeiro. Até pela nossa cultura, fizemos muitas coisas com agilidade, mas talvez sem o cuidado necessário. O resultado foram andares construídos de maneira torta – e a maior velocidade na construção de novos andares em detrimento dos reforços nos andares de suporte foi a maior vilã.

Um dos códigos problemáticos, inclusive, havia sido criado durante o Projeto Guerra, o fantasma que abre este livro puxou nosso pé naquele dia. A lição que ficou foi justamente essa: o empreendedor olha para o crescimento, mas não pode deixar de dar atenção para a estrutura. Isso pode custar caro, e nos custou. Definimos que nunca mais faríamos isso, e passamos os meses seguintes focados em reestruturar e melhorar toda nossa arquitetura de tecnologia. O resultado? Na Black Friday de 2020 recebemos um tráfego muito maior do que a de 2019 e não passamos um segundo sequer fora do ar.

Esse exemplo é do nosso site, mas vale para todo tipo de crescimento e de empresa, mesmo que não seja de tecnologia. A sua empresa está olhando para os funcionários antes de pensar em crescimento? A sua estrutura física ou os seus processos internos estão adequados para suportar o crescimento do negócio? Ter essa noção é essencial antes de dar um passo maior do que a perna.

O EMPREENDEDOR OLHA PARA O CRESCIMENTO, MAS NÃO PODE DEIXAR DE DAR ATENÇÃO PARA A ESTRUTURA.

Aquisições e fusões

Voltamos a discutir internacionalização em 2018. André tinha trazido uma pessoa do mercado para o time dele e essa pessoa fez um trabalho muito bom em identificar quais seriam concorrentes internacionais que poderíamos comprar.

Só que a gente não tinha o *know-how* interno de *mergers and acquistions* (M&A), que diz respeito às transações nas quais as propriedades da empresa são transferidas ou consolidadas com outras entidades. Até sabíamos da burocracia, mas não entendíamos quanto tempo poderia demorar uma transação dessa. Tudo relacionado àquele mundo era muito novo.

Fizemos algumas mentorias sobre o assunto, mas o que mais nos marcou foi uma ida do Israel ao Day1, evento da Endeavor com empreendedores da rede. Laércio Cosentino, da Totvs, é experiente no assunto. Sua empresa é famosa no mercado pelas fusões e aquisições que fez ao longo da sua história. Nesse evento, ele comentou que o processo para adquirir uma das empresas que já havia comprado demorou nove anos! Isso nos marcou muito, pois já estávamos envolvidos com M&A fazia um ano. Como empreendedores, a gente tem bastante ansiedade para ver as coisas andando rápidas – e esse não seria o caso.

O Méliuz tem algumas histórias envolvendo aquisições e, entre elas, gostaríamos de trazer duas específicas para contar a você.

Passamos alguns meses conversando com um *target* internacional. Viagens, conversas, reuniões, negociações longas, termos de contrato. Avançamos bastante durante todo o processo de negociação. Em um certo dia, Israel recebeu uma ligação do fundador da empresa, que anteriormente já havia selado o negócio, avisando que tinha mudado de ideia e não seguiria com o acordo. Foram meses de investimento de tempo, recurso, compartilhamento de números, investimento de equipe para não sair do lugar.

No outro caso, conversamos com o empreendedor de um negócio complementar ao do Méliuz. Os termos estavam praticamente fechados – tanto que fomos conhecer até parte do time dessa empresa. Ficamos empolgados porque a equipe deles parecia ter uma sinergia com a nossa. Ainda sem o acerto formal e contratual, contamos a novidade para o time do Méliuz, que obviamente ficou empolgado com a primeira aquisição da história da empresa. Na hora de fechar o contrato e as diligências, porém, vimos uma série de problemas que não sabíamos. Fomos descobrindo, aos poucos, que o negócio era arriscado – mais arriscado do que estávamos dispostos. Saímos fora. Na época, já havíamos comunicado ao time do Méliuz mesmo sem o negócio estar 100% fechado porque sentíamos que existia uma necessidade de uma injeção de ânimo. Obviamente, foi um erro.

Para empresas maiores buscando internacionalização ou expansão, o M&A irá surgir em algum momento. Para nós, o maior desafio foi justamente entender o tamanho do esforço. Tempo, recursos e muita paciência foram necessários e saímos de mãos vazias em todos os casos. E para empreendedores, isso é muito frustrante.

Desde então, aprendemos muito e essas são algumas das lições:

É importante entender que existe um funil difícil quando se trata de M&A. Você vai negociar com várias empresas, mas poucas delas vão se concretizar em uma aquisição. Aprenda a lidar com isso.

O processo de M&A é moroso. Conversamos com vários empreendedores experientes no assunto e todos confirmaram isso. Ajuste suas expectativas, se não esse processo pode deixá-lo excessivamente ansioso e acabar atrapalhando seu dia a dia na empresa.

No nosso caso, optamos por contratar uma empresa especializada em M&A para nos ajudar no processo. Recomendamos que você faça o mesmo, principalmente se sua empresa ainda não tem experiência nessa área.

VOCÊ VAI NEGOCIAR COM VÁRIAS EMPRESAS, MAS POUCAS DELAS VÃO SE CONCRETIZAR EM UMA AQUISIÇÃO. APRENDA A LIDAR COM ISSO.

Lucratividade

Todo ano temos uma meta-mãe. Ela já foi sobre receita, já foi sobre usuários ativos por mês e a cada novo ano definimos algo de que precisamos cuidar. No final de 2019, pensamos: será que não é a hora de uma meta de Ebitda?

Earnings before interest, taxes, depreciation and amortization, ou Ebitda, pode ser traduzido para "lucros antes de juros, impostos, depreciação e amortização" – ou seja, é uma meta que fala diretamente com a lucratividade da empresa.

O nosso medo era que o time interpretasse isso de uma maneira negativa. Infelizmente, vivemos em um país onde a população é educada para achar que lucro é algo do mal, exploração etc. A realidade é que queríamos que a nossa empresa se tornasse cada vez mais sustentável, andando com as próprias pernas e gerando caixa – e a lucratividade é um ótimo indicador de sustentabilidade.

Como o time já tinha amadurecido, levamos essa ideia para frente. O nosso *kick-off* (reunião que marca o pontapé inicial de um novo ano) de 2020 foi em Manaus. Nele mostramos resultados do ano anterior, falamos sobre as metas do ano que ia começar e no que iríamos focar.

Além da meta de lucratividade, anunciamos para o time que, pela primeira vez, pagaríamos uma premiação se a meta-mãe fosse atingida. Já que estávamos focados no lucro, era justo que, se o time batesse a meta, recebesse uma premiação – e caso a meta fosse batida em 130%, pagaríamos o dobro. Não apenas anunciamos tudo isso para a equipe inteira, como também mencionamos startups que deram errado por não perseguirem o Ebitda.

Treinamos o time sobre o que é, como funciona e a importância da lucratividade, e eles entenderam o motivo de nós crescermos de maneira sustentável, sem pensar em crescer a qualquer custo. Gerar Ebitda é gerar mais receita e reduzir custos, gastando nas coisas realmente importantes.

O resultado de 2020 mostrou que o time comprou a ideia e entregou um resultado Ebitda incrível. Isso só provou que quando você trata seus funcionários como adultos, eles respondem como adultos.

PROBLEMAS DE GENTE GRANDE

A crise global

Crises globais irão acontecer. Isso é um fato. Em 2020, quando vimos os primeiros sinais da pandemia do novo coronavírus vindo da Itália, Espanha e outros locais da Europa, que passavam por uma severa crise, entendemos que no Brasil seria ainda pior – por questões econômicas, sociais e de desorganização estrutural. Fomos uma das primeiras empresas do país a agir: mandamos 100% do time para *home office*. Os próprios funcionários acharam estranho, mas logo entenderam a gravidade do problema. A doença já estava rodando o Brasil.

Como já havíamos passado por várias crises antes, sabíamos que agir de forma preventiva nesses momentos reduziria os possíveis impactos negativos no futuro. Separamos algumas atitudes que tomamos na época para que você pense e se prepare também, caso se encontre em uma situação de crise:

- **Contratações**: pode ser necessário congelar futuras contratações, evitando novos gastos e atribuições sem saber quanto tempo tudo irá durar.
- **Gastos fixos**: refaça as contas e veja o que é possível ajustar durante esse tempo. No nosso caso, em 2020, cancelamos o aluguel do escritório de Belo Horizonte – o de Manaus foi mantido porque o contrato estava mais amarrado.
- **Despesas em geral**: às vezes é preciso olhar para todas as pontas e achar o que está "transbordando o balde", ou seja, cortar gastos desnecessários, como assinaturas de softwares que não são prioridades ou outras coisas que podem ser congeladas por um tempo. Passe um pente fino em todos os custos.

- **Diálogo**: mantenha uma comunicação transparente e constante com o time nesses momentos. Se você não deixa claro qual a real situação e que atitudes a empresa está tomando para lidar com a crise, as pessoas tendem a pensar num cenário muito pior e acabam perdendo produtividade. No nosso caso, durante esse período de 2020, passamos a realizar comunicações muito mais frequentes com todo o time, às vezes mais de uma vez por semana. Nosso objetivo era fazer com que todos soubessem o que estava acontecendo e as decisões que estávamos tomando quase que em tempo real, pois a transparência se torna ainda mais relevante em momentos como esse.

Em 2020, vimos alguns outros empreendedores demorando para agir, mesmo sabendo que o negócio deles seria afetado. Por isso é tão importante não hesitar nas decisões difíceis: você pode estar colocando em risco a sua empresa e os seus funcionários.

Conforme alguns meses se passaram, vimos que a crise da covid-19 não afetou tanto o nosso setor, e, por isso, em determinado momento foi possível voltar a abrir vagas e relaxar estratégias de contingência de despesas e investimentos que colocamos anteriormente. Entretanto, não nos arrependemos de maneira alguma de ter agido de maneira rápida e agressiva para que a empresa estivesse preparada para um cenário muito adverso.

Por isso, para fecharmos este capítulo, a mensagem final é: crises sempre existirão. Entretanto, agir de forma preventiva e manter a unidade da sua empresa é uma necessidade ainda maior nesses momentos. É preciso ter coragem para tomar decisões difíceis e ser franco com o time. É possível sair dessas adversidades com a menor quantidade possível de danos, e isso depende de você e do que fará no primeiro sinal de incerteza.

É PRECISO TER CORAGEM PARA TOMAR DECISÕES DIFÍCEIS E SER FRANCO COM O TIME.

// **CAPÍTULO**

11

ÚLTIMO CAPÍTULO DO LIVRO, MAS NÃO DA JORNADA

Empreender é uma jornada que não tem fim. Temos várias expectativas para os próximos meses e anos: lançamento de novos produtos, fortalecimento e criação de novas linhas de negócio, aquisição de outras empresas... Nesse momento, passou pela nossa cabeça: *será que não deveríamos esperar para escrever este livro? Essas empreitadas trarão novas histórias e aprendizados.* Mas o foco é outro.

O nosso objetivo era compartilhar todos os erros que cometemos no começo da nossa jornada para que empreendedores que estejam começando possam aprender com eles. Infelizmente, por conta desse objetivo, acabamos falando pouco do nosso time maravilhoso e dos nossos sócios e suas incríveis histórias de superação no Méliuz. Porém, o foco deste livro não era massagear nosso ego ou celebrar nossas conquistas.

A verdade é que também produzimos esse material para que o empreendedor se sinta menos solitário. Às vezes, empreendedores acham que são problemáticos. Se quase tudo o que se vende na mídia (e em alguns livros) é o sucesso e o glamour de empreender, fundadores de primeira viagem duvidam de si mesmos e podem acabar desistindo. Mas todo mundo passa aperto.

Compartilhamos as nossas dores para amenizar as suas e mostrar que o caminho é longo. Quando uma pessoa quer ser cantora, ela se imagina no palco do Rock in Rio, cantando para 200 mil pessoas. Mas dificilmente passa pela cabeça dela tocar em bares quase que despercebida, para então evoluir para pequenas casas de show e assim por diante. Empreender não é ser feliz e rico. É tudo, menos isso.

EMPREENDER: A ARTE DE SE F*DER TODOS OS DIAS E NÃO DESISTIR

É doloroso e, por mais que existam momentos de orgulho e satisfação, sentimentos como angústia, medo, desespero e tristeza vão se sobressair várias vezes.

Leu este livro e acha que empreender não é para você? Tudo bem! Não é demérito nenhum. A sociedade precisa de pessoas de todos os tipos em todas as áreas. Talvez você seja mais feliz sem empreender. Agora, se você leu e consegue ter estômago e resiliência para começar a empreender, que ótimo! Seja bem-vindo ao empreendedorismo.

Day One

Cada momento do Méliuz nos ajudou a entender que tipo de empresa queríamos ser. Todo empreendedor já deve ter ouvido falar das **startups unicórnio** – empresas que valem mais de 1 bilhão de dólares. É o sonho de muita gente que começa um negócio e também já foi o nosso. Mas, com o tempo, descobrimos que, na verdade, somos adeptos à outra analogia animal – e uma, digamos, mais realista, tanto no animal quanto no objetivo: a **startup camelo**, termo cunhado pelo jornalista Alex Lazarow.[24]

O camelo é feito para sobreviver no deserto, um ambiente inóspito. É capaz de beber até cem litros de água de uma vez e depois consegue ficar sem líquido por três semanas. No entanto, ele consegue ser rápido caso seja necessário: chega a 65 km/h em um *sprint*. Esse conceito nos encantou! O melhor jeito de continuar crescendo é se preocupar com a sustentabilidade daquele crescimento. Não queremos crescer por crescer ou pegar investimento por pegar.

E foi com essa mentalidade que no dia 5 de novembro de 2020 o Méliuz se tornou a primeira startup brasileira a fazer IPO no Brasil (B3: CASH3).

Foi um momento mágico, e um dos dias mais felizes das nossas vidas. Todos os sócios que construíram o Méliuz, se f*deram ao longo da jornada, mas não desistiram, estavam lá, gritando e chorando de felicidade. Passou um filme na cabeça de cada um. De tudo que sofremos, de todas as batalhas que perdemos, de todos os apertos que passamos, mas, principalmente, lembramos de todas as histórias que superamos.

---

24 STARTUPS Camelo: o que são? **Inovativa Brasil**, 20 jul. 2020. Disponível em: https://www.inovativabrasil.com.br/startups-camelo-o-que-sao/. Acesso em: 5 mar. 2021.

Mas IPO é Day One, como Israel deixou claro no seu discurso naquele dia. O primeiro dia de um novo ciclo, com mais desafios, erros, aprendizados e alegrias.

Sabemos que a melhor parte da nossa história ainda está por vir, e não atoa, pouco mais de três meses após o IPO, iniciamos nosso projeto de internacionalização ao adquirir a Picodi.com, empresa polonesa com operação em 44 países. Certeza só temos de que vamos continuar nos f*dendo todos os dias, mas jamais vamos desistir.

**CERTEZA SÓ
TEMOS DE QUE
VAMOS CONTINUAR
NOS F*DENDO
TODOS OS DIAS,
MAS JAMAIS
VAMOS DESISTIR.**

// CADERNO DE FOTOS

No começo não havia dinheiro, conhecimento ou produto, só muita vontade de fazer dar certo. Fotos da época do Start-Up Chile. Na foto: Ofli, Israel e Leandro.

Na foto ao lado estão Leandro e Barroca em pé, e Israel e Ofli sentados.

EMPREENDER: A ARTE DE SE F*DER TODOS OS DIAS E NÃO DESISTIR

A primeira "sede" do Méliuz era um apartamento, e o time ficava espalhado pelos corredores e quartos. As cortinas eram improvisadas com lençol. Israel morava em dos quartos do apartamento para economizar, mas a gente também usava ele para algumas reuniões.

CADERNO DE FOTOS

Também é possível se divertir durante a jornada e, entre um momento difícil e outro, parávamos para celebrar. Na foto: Lucas, Leandro, Israel e Ofli.

227

EMPREENDER: A ARTE DE SE F*DER TODOS OS DIAS E NÃO DESISTIR

Na foto acima, temos as primeiras pessoas do nosso time de Manaus na casa que alugamos para ser nossa sede na cidade. Na foto abaixo, Lucas e Ofli Guimarães dormem em um quarto improvisado nessa casa.

CADERNO DE FOTOS

Na foto acima, vemos o prof. Edleno nos levando até a casa que alugamos em Manaus para ser nossa primeira sede na cidade. Na foto abaixo, nosso atual escritório com espaço para comportar mais de duzentas pessoas.

229

EMPREENDER: A ARTE DE SE F*DER TODOS OS DIAS E NÃO DESISTIR

O Projeto Guerra nos levou a fazermos coisas surreais, como a apresentação em que Lucas se vestiu de soldado espartano para treinar o time de vendas. Na foto abaixo, nosso time trabalha em cadeiras de plástico porque, nessa época, nosso crescimento foi maior do que o crescimento de nossa estrutura.

CADERNO DE FOTOS

Nosso time maravilhoso no *Kick-Off* de 2019 em Belo Horizonte!
Sem um time fora da curva, o Méliuz nunca teria chegado aonde chegou.

EMPREENDER: A ARTE DE SE F*DER TODOS OS DIAS E NÃO DESISTIR

Todo nosso time de sócios celebrando o primeiro IPO de uma startup no Brasil. Na foto: Israel, Ofli e Lucas.

© Cauê Diniz

© Cauê Diniz